D0863141

Du même auteur,

Le plus grand secret du monde
Le choix
Le plus grand succès du monde
L'Université du succès (3 tomes)
Mission: Succès
Le cadeau le plus merveilleux au monde
  (version illustrée de Le plus grand vendeur du monde,
  1ère partie)
Le plus grand vendeur du monde
  (2ème partie, suite et fin)

**Dans la collection
À l'écoute du succès (cassette)**

Le mémorandum de Dieu

En vente chez votre libraire ou à la maison d'édition.

Si vous désirez recevoir le catalogue de nos parutions,
il vous suffit d'écrire à la maison d'édition
en mentionnant vos nom et adresse.

LE PLUS GRAND MIRACLE DU MONDE

Cet ouvrage a été publié sous le titre original:

THE GREATEST MIRACLE IN THE WORLD

Original English Edition published by
Frederick Fell Publishers, Inc.
Copyright ©, 1975, by Og Mandino
Published by arrangement with
Frederick Fell, Inc.

©, Les éditions Un monde différent ltée, 1979
Pour l'édition en langue française.
Dépôts légaux 2e trimestre 1979
Bibliothèque nationale du Québec
Bibliothèque nationale du Canada

Version française:
JOANNE BÉLANGER

Conception graphique de la couverture:
PHILIPPE BOUVRY

ISBN-2-9200-0013-6

LE PLUS GRAND MIRACLE DU MONDE

par Og Mandino

Les éditions Un monde différent ltée
3400, boulevard Losch, local 8
Saint-Hubert, QC
Canada J3Y 5T6
(514) 656-2660

« J'ai aussi entendu la voix du Seigneur disant :
Qui enverrai-je et qui marchera pour nous ?
J'ai répondu : Me voici, envoie-moi. »

Isaïe 6:8

« Va maintenant, écris ces choses devant eux sur une table,
Et grave-les dans un livre,
Afin qu'elles subsistent dans les temps à venir,
Éternellement et à perpétuité. »

Isaïe 30:8

À cette rousse merveilleuse
qui m'a manqué pendant tant d'années...
ma mère, Margaret.

À tous ceux qui ont aimé le livre maintenant classique d'Og Mandino «Le Plus Grand Vendeur du Monde», voici un autre chef-d'œuvre avec l'étonnant Mémorandum de Dieu...

CHAPITRE PREMIER

La première fois que je l'ai vu...

Il donnait à manger à des pigeons.

Cet acte de charité très simple n'a rien d'extra-ordinaire en lui-même. On voit toujours des vieillards, qui donnent eux-mêmes l'impression d'avoir besoin d'un bon repas, distribuer des miettes de pain aux oiseaux de San Francisco, des Communes de Boston, des trottoirs du Time Square et des centres d'attraction dans toute ville.

Mais, ce vieillard se trouvait au plus fort d'une grosse tempête de neige qui, d'après toutes les nouvelles diffusées à la radio de ma voiture, avait déjà battu tous les records en déversant 60 centimètres de cette misère toute blanche sur Chicago et ses banlieues.

Les roues arrière patinant de plus belle, j'avais quand même réussi à avancer ma voiture sur la légère pente du trottoir pour atteindre la barrière à l'entrée du terrain de stationnement, situé à une rue de mon travail, lorsque je l'ai remarqué. Il se tenait debout, en plein milieu d'une rafale de neige, sans tenir compte de la température, retirant de façon rythmique ce qui semblait être des miettes de pain d'un sac en papier brun. Il les laissait tomber avec soin devant les oiseaux qui tournoyaient et s'abattaient autour des plis de son manteau de style militaire qui lui tombait presque jusqu'aux chevilles.

Je l'observais à travers les balayages réguliers de mes essuie-glaces ; j'avais posé ma tête sur le volant, essayant de canaliser assez d'énergie pour ouvrir la portière de ma voiture, sortir dans la tourmente et avancer jusqu'au mécanisme déclenchant la barrière. Il me faisait penser à ces statues de Saint-François que l'on voit dans les parcs et qui se vendent dans les pépinières. La neige avait presque entièrement recouvert ses cheveux qui lui arrivaient sur les épaules et elle s'éparpillait aussi dans sa barbe. Des flocons s'étaient même accrochés dans ses sourcils épais, accentuant ainsi l'expression donnée par des pommettes très hautes. Autour de son cou pendait un collier de cuir auquel était attachée une croix de bois qui oscillait d'un côté à l'autre alors qu'il distribuait les miettes de pain, génératrices de vie. De son poignet gauche partait un morceau de corde à linge qui allait jusqu'au cou d'un vieux basset multicolore dont les oreilles se perdaient dans l'immensité blanche qui s'était accumulée depuis la veille. Pendant que j'observais le vieillard, il se mit à sourire et à parler aux oiseaux. J'ai hoché la tête en signe de sympathie silencieuse et j'ai posé la main sur la poignée de la portière.

Il m'avait fallu plus de trois heures, la moitié d'un réservoir d'essence et pratiquement toute ma patience pour parcourir les 45 kilomètres séparant ma maison de mon bureau. Ma bonne vieille 240-Z dont la transmission s'était plainte sans arrêt de façon monotone en première, avait réussi sans panne à doubler un nombre incroyable de camions et de voitures arrêtés tout au long du Chemin Willow, de l'autoroute Edens, de l'Avenue Touhy, du Ridge, puis à l'est sur Devon, au carrefour Broadway jusqu'au terrain de stationnement sur la rue Winthrop.

C'était de la folie de ma part d'avoir même essayé de me rendre à mon travail ce jour-là. Mais les trois semaines précédentes, j'avais fait le tour des États-Unis pour la promotion de mon livre « LE PLUS GRAND VENDEUR DU MONDE » et après avoir déclaré sur quarante-neuf chaînes de radio et de télévision, à plus d'une vingtaine de journalistes que la persévérance était l'un des secrets de la réussite, je n'osais plus m'avouer vaincu, même par cette sorcière enragée de Mère Nature.

De plus, une réunion du conseil d'administration était prévue pour le vendredi suivant. En tant que président du magazine « SUCCESS UNLIMITED », j'avais besoin de ce lundi et de tous les autres jours de la semaine pour réviser les résultats de l'année qui venait de s'écouler et pour préparer, avec les différents chefs de service, les prévisions pour l'année à venir. Je voulais être prêt, comme je l'avais toujours été, à répondre à toute question imprévue qui pouvait m'être posée autour de la table de conférence.

Le terrain de stationnement, de la façon dont il était situé, dans un voisinage qui menaçait de tomber en ruine, changeait d'aspect deux fois toutes les vingt-quatre heures. Dans la soirée et pendant la nuit, il était rempli de voitures que n'importe quel détaillant de voitures usagées qui se respecte aurait vendues à la casse. Ces dernières appartenaient aux habitants du quartier, incapables de trouver une place dans la rue étroite qui séparait les édifices barbouillés de suie. Puis, tous les matins, elles emportaient leur propriétaire vers les usines locales ou de banlieue et le terrain se remplissait d'une collection de Mercedes, Cadillac, Corvette et BMW, alors que les avocats, les docteurs et les étudiants de l'Université Loyola quittaient le monde de la banlieue pour accomplir leurs tâches dans le centre ville.

À tout autre moment de l'année, le terrain de stationnement avait un air sordide et représentait une tare, presque une claque en pleine figure, pour tous les résidents du coin. Pendant toutes les années au cours desquelles j'y ai stationné, pas une fois je n'ai vu les gens qui habitaient dans les édifices avoisinants essayer de ramasser les ordures, les journaux trempés, les boîtes ou les bouteilles vides qui s'accumulaient en tas malpropres le long de la chaîne rouillée entourant le terrain. Le seul avantage de ce terrain de stationnement, c'est qu'il n'y en avait pas d'autres avant plusieurs pâtés de maisons.

Aujourd'hui, cependant, avec tous ses péchés enterrés sous près d'un mètre de neige, il me faisait penser à une plage de la Californie, même avec les petites bosses qui représentaient l'emplacement de voitures maintenant disparues. Apparemment, aucun des habitants du coin n'avait encore essayé de sortir ce matin. Ils avaient probablement jeté un coup d'œil sur les voitures entièrement recouvertes de neige, qui ressemblaient à des igloos et avaient décidé de se servir des transports en commun ou de retourner au lit.

L'entrée du terrain de stationnement se faisait entre deux poteaux enfouis dans le béton, séparés d'environ trois mètres, et servant de support à une barrière en fer. Pour que la barrière se lève, permettant d'entrer dans le terrain de stationnement et de trouver un emplacement libre, il fallait déposer deux pièces de monnaie dans une boîte en métal blanc toute écaillée, attendre que la barrière se soulève sous l'action d'un dispositif électronique et ensuite, la franchir. Puis, les roues de la voiture déclenchaient un mécanisme quelconque placé dans l'asphalte, qui faisait automatiquement redescendre la barrière derrière vous. Pour sortir du terrain de stationnement il fallait déposer deux autres pièces de monnaie... à moins de posséder une clé spéciale, que vous pouviez louer au mois. Cette clé, qu'il suffisait d'insérer dans une boîte jaune, permettait d'ouvrir et de fermer la barrière, pour entrer ou sortir.

Après avoir détourné mon attention du Samaritain nourrissant les oiseaux, j'ai trouvé ma clé dans la boîte à gants, j'ai poussé sur la portière pour repousser la neige accumulée au-dessus de la partie inférieure de ma portière et je suis sorti avec impatience de la voiture. Je me suis immédiatement aperçu de l'incompétence d'un homme pourtant adulte, assez stupide pour porter des claques trop basses par un tel temps.

Le vieillard cessa de nourrir les oiseaux pendant un temps assez long pour me regarder et me faire un signe. Le chien aboya une fois mais se tut à la suite de quelques mots inintelligibles proférés par son maître. Je lui ai fait un signe de la tête accompagné d'un sourire las. Mon «bonjour» avait un drôle de son dans cette tempête atténuant tous les bruits.

Sa réponse, de la voix la plus profonde que j'aie jamais entendue, sembla résonner sur tous les murs qui nous entouraient. Un jour, alors que Danny Thomas recevait le commentateur radiophonique Paul Harvey, Danny avait dit : « J'espère que vous êtes Dieu, car une chose est certaine, vous parlez comme Lui. » La voix que je venais d'entendre reléguait mon ami Paul au rang d'un timide enfant de chœur.

« Acceptez tous mes meilleurs vœux en cette merveilleuse journée ! »

Je n'avais ni la force, ni l'envie de discuter. J'ai tourné ma clé dans la boîte jaune jusqu'à ce que j'entende le mécanisme s'activer puis, mi-glissant, mi-marchant, je suis retourné à ma voiture. Derrière moi, comme elle le faisait depuis des milliers de matins, la barrière grinça en s'élevant pour me laisser la voie libre.

Mais... dès que je me suis retrouvé dans ma voiture, prêt à repartir pour me garer, la barrière est retombée avec un énorme bruit métallique.

J'ai soupiré de rage, arrêté ma voiture, rouvert la portière, suis ressorti de ma voiture pour affronter la neige froide et remettre ma clé dans la boîte jaune et la tourner. La barrière s'est levée une fois de plus, a pointé son extrémité rouillée vers des cieux remplis de neige et est ensuite retombée. Bang ! Avec impatience, j'ai tourné la clé à nouveau, avec assez de violence pour la casser. Même chose. Peut-être un court-circuit dû à un excès d'humidité ? Peu importait. Il n'y avait aucun moyen de faire rentrer ma voiture à l'intérieur de ce terrain de stationnement. Et si je la laissais dans la rue, j'étais certain qu'on allait la remorquer. Je restais là, de la neige jusqu'aux genoux, sacrant après l'imbécilité d'une telle journée perdue tout en enlevant les flocons de neige qui pénétraient dans mes yeux.

Au moment où je commençais à douter de tout ce que j'avais déjà écrit ou dit sur la valeur de la persévérance, l'étranger aux oiseaux m'interrompit dans les pensées de pitié que j'éprouvais envers moi-même. « Laissez-moi vous aider. »

Sa voix était réellement quelque chose et elle exprimait un rien de commande tout en m'offrant une aide, le tout d'un ton résonnant. Il s'était approché de moi et je me suis retrouvé en train de fixer un visage étonnant, décharné, très ridé et aux grands yeux bruns. Il devait mesurer presque 2 mètres 13, car moi-même, je suis loin d'être un pygmée. J'ai souri à cet Abraham Lincoln réincarné en haussant les épaules et je lui ai dit : « Je vous remercie, mais je ne pense pas qu'il y ait grand-chose à faire. »

Les sillons qui entouraient ses yeux et ses lèvres se creusèrent en un sourire le plus chaleureux et le plus doux que j'aie jamais vu sur un visage humain tandis qu'il me montrait d'un geste la barrière récalcitrante : « Cela ne sera pas très difficile. Tournez encore votre clé dans la boîte. Lorsque la barrière s'élèvera, je me placerai dessous et la soutiendrai avec mes mains ouvertes jusqu'à ce que votre voiture soit passée. Ensuite, je la laisserai retomber. »

« C'est une barrière très lourde. »

Son rire résonna dans le terrain de stationnement. « Je suis vieux, mais je suis fort. Et l'effort vaut la peine s'il nous permet de résoudre votre problème. Carlyle a écrit que tout travail noble semble toujours impossible de prime abord. »

« Carlyle ? »

« Oui, Carlyle. Thomas. Essayiste anglais du dix-neuvième siècle. »

J'avais du mal à le croire. Je me trouvais en pleine tempête de neige, un vent glacial me labourant le visage, les pieds trempés et gelés, en train de me transformer en bonhomme de neige... alors qu'un vieil hippie de soixante-dix ans, aux cheveux longs, me donnait un cours de littérature anglaise.

Que pouvais-je faire d'autre ? Je crois que l'on doit toujours considérer les choix qui s'offrent à nous, mais j'ai aussi appris qu'il y a des situations où l'on n'a pas le choix. Je lui ai maugréé un merci et j'ai attendu jusqu'à ce que le vieil homme ait gentiment entraîné son basset vers la barrière ; là, il se libéra de la corde qui lui entourait le poignet et il l'attacha à la chaîne. Puis il se tourna vers moi et me fit un signe de la tête. Comme hypnotisé, j'obéis à son commandement silencieux et je mis ma clé dans la boîte. La barrière s'éleva en grinçant. Le vieil homme se plaça en dessous et l'attrapa fermement alors qu'elle recommençait à descendre.

Je ne sais plus très bien ce qui s'est passé ensuite, bien que j'y ai repensé souvent. Peut-être que mon léger déjeuner pris en vitesse et la longue route avaient finalement eu raison de moi. Je me suis senti étourdi et j'ai commencé à voir trouble... comme si quelqu'un s'était amusé à barbouiller mes lunettes avec de la vaseline. Tout semblait diffus. Un tremblement bizarre saisit mon corps alors que j'essayais de me concentrer sur l'apparition qui me faisait face.

À travers la neige qui ne cessait de tomber, je pouvais voir la croix de bois qui pendait sur sa poitrine et c'est peut-être de là qu'est partie toute l'illusion... les cheveux longs, la barbe, les mains tendues à quarante-cinq degrés au-dessus de sa tête... la barrière... la croix... le *patibulum* que portait l'homme condamné se dirigeant vers le Golgotha où il devait être crucifié.

Sa voix, exprimant maintenant l'urgence de la situation, arrêta le cours de mes pensées, pour dire «Dépêchez-vous. Avancez! Avancez!»

Je suis retourné à l'intérieur de ma voiture, j'ai changé de vitesse et j'ai démarré lentement; les pneus se déplacèrent et j'ai roulé doucement à côté de l'étranger, sous la barrière.

J'ai garé ma voiture dans un endroit libre, entre les rafales et j'ai coupé le contact. Mes mains tremblaient. Ma tête résonnait. J'avais les jambes molles. Puis je me suis penché, j'ai attrapé ma serviette d'homme d'affaires, j'ai ouvert la portière et suis tombé tête première dans la neige. Je me suis relevé, me suis secoué et j'ai verrouillé la voiture.

Je me suis tourné vers la barrière pour remercier le vieil homme.

Mon sauveur du terrain de stationnement n'était nulle part en vue.

CHAPITRE DEUX

Je ne l'ai plus revu jusqu'à la fin du printemps.

C'était un de ces vendredis qui semblait ne jamais devoir finir. Les problèmes concernant des questions de routine sur la publication d'un magazine mensuel avaient augmenté en nombre tout au long de la journée et lorsque j'eus enfin éteint tous ces feux de paille, je me suis retrouvé seul et épuisé, physiquement et moralement.

Je me suis assis à mon bureau écoutant le doux tic tac de l'horloge, n'osant penser au long retour à la maison dans la circulation d'un début de fin de semaine.

Même l'autoroute Edens était embouteillée à cette heure-ci. Une fois de plus ces questions habituelles me harcelaient :

« Pourquoi travailler si dur ? »

« Est-ce que tu pensais que ce serait facile une fois arrivé au sommet ? »

« Pourquoi ne pas donner ta démission ? Tes droits d'auteur sont déjà quatre fois plus élevés que ton salaire. »

« Qu'est-ce que tu essaies de prouver maintenant que ton magazine se vend bien ? »

« Pourquoi ne te retires-tu pas dans un endroit tranquille pour écrire tous ces livres auxquels tu penses ? »

L'habitude, plus mon orgueil, semblaient être les seules réponses logiques à ces questions. J'avais commencé à Success Unlimited alors que le magazine avait un tirage mensuel de 4 000 exemplaires et comptait trois employés et je l'avais amené à un tirage de 200 000 et un personnel de trente-quatre employés. Mais je savais qu'il y avait encore un potentiel de 120 000 000 d'abonnés au pays et j'avais envie de relever ce défi. Puis j'ai essayé de me souvenir du nom de celui qui avait écrit : « Le début de la fierté est au ciel. La continuité de la fierté est sur terre. La fin de la fierté est en enfer. » Pas de chance. J'ai une mauvaise mémoire.

J'ai placé mes lunettes dans ma serviette d'homme d'affaires, j'ai attrapé ma veste et mon pardessus, j'ai éteint les lumières et fermé le bureau. À l'exception du lampadaire qui éclairait le coin des rues Broadway et Devon, tout était sombre quand je suis passé lentement devant la vitrine des photographes, dans la ruelle se trouvant derrière notre édifice, sous le pont-tunnel du train et en me dirigeant vers l'entrée du terrain de stationnement où clignotait le panneau-réclame orange : « Garez-vous pour seulement cinquante sous. »

J'étais arrivé au milieu du terrain de stationnement, plongé dans l'obscurité à cette heure-ci, déjà presque plein de voitures des habitants du quartier, au moment où je le vis. Sa silhouette imposante surgissait lentement de l'arrière d'un camion et malgré la pénombre, je l'ai reconnu avant même d'apercevoir son chien qui le suivait. Je fis demi-tour et je me suis dirigé vers lui.

« Bonsoir. »

Cette voix profonde me répondit : « Je vous présente tous mes vœux pour la plus merveilleuse des soirées, Monsieur. »

« Je n'ai jamais eu l'occasion de vous remercier d'avoir bien voulu m'aider dans la neige, l'autre fois. »

« Ce n'était rien. Nous sommes tous ici pour nous aider les uns les autres. »

Je me suis baissé pour caresser le basset qui ne cessait de renifler mon pantalon, puis je tendis ma main au vieil homme. « Mon nom est Mandino... Og Mandino. »

La main du géant enveloppa la mienne. « Très heureux de vous rencontrer, Monsieur Mandino. Mon nom est Simon Potter... et cet ami quadrupède s'appelle Lazarus. »

« Lazarus ? »

« Oui. Il dort tellement que je ne sais jamais s'il est mort ou vivant. »

Sa réponse m'a fait rire.

« Excusez-moi, Monsieur Mandino, mais votre prénom est assez inhabituel. Og, Og... Comment l'écrivez-vous ? »

« O-G. »

« C'est comme ça qu'on vous a appelé ? »

J'ai eu un rire étouffé. « Non, mon vrai nom, c'est Augustin. Mais quand j'étais au secondaire, je participais à la rédaction du journal scolaire et, un jour, j'ai signé AUG. Après l'avoir écrit, j'ai décidé d'être différent et je l'ai épelé phonétiquement... OG. C'est resté. »

« C'est un nom original. Je suis sûr qu'il n'y a pas beaucoup d'Og dans le monde. »

« On m'a déjà dit qu'un, c'est trop. »

« Est-ce que vous écrivez encore ? »

« Oui. »

« Quel genre ? »

« Des livres, des articles. »

« Est-ce que vos livres ont été publiés ? »

« Oui, cinq. »

« C'est merveilleux. Qui penserait rencontrer un écrivain ici, au milieu de bouteilles vides ? »

« J'ai bien peur que ce soit là qu'on les rencontre le plus, Simon. »

« Oui. C'est triste, mais c'est vrai. Moi aussi, j'écris un peu... mais seulement pour passer le temps et parce que j'en ai envie. »

Le vieil homme s'approcha de moi et me dévisagea. « Vous avez l'air fatigué, Monsieur Mandino... Je pense que je devrais plutôt vous appeler Monsieur Og. »

« Je suis fatigué. Dure journée... dure semaine. »

« Vous habitez loin du bureau ? »

« Environ 45 kilomètres. »

Simon Potter se tourna et, désignant l'édifice de quatre étages en brique brune faisant face au terrain de stationnement, il dit : « C'est là que j'habite. Au deuxième. Pourquoi ne viendriez-vous pas chez moi, avant de vous en aller, pour boire un verre de sherry ? Ça vous détendrait. »

Je commençais à lui dire non, mais comme l'autre jour, dans la neige, je me suis aperçu que j'avais envie de lui obéir. J'ai ouvert la portière de ma voiture, y ai jeté mon pardessus et ma serviette, ai fermé et verrouillé la portière et je me suis mis à suivre Lazarus.

Nous avons traversé le hall, qui n'avait pas été nettoyé, nous avons dépassé les boîtes aux lettres avec leur plastique jaune pour les noms et nous avons monté l'escalier en béton usé et rongé. Simon a sorti une clé de sa poche, l'a mise dans la serrure d'une porte en pin, qui portait le numéro «21» inscrit en rouge, l'a ouverte et m'a fait signe d'entrer. Il a allumé la lumière et m'a dit: «Excusez mon humble retraite. Je vis seul, à l'exception de Lazarus, et les travaux ménagers n'ont jamais été mon fort.»

Ses excuses étaient inutiles. Le salon minuscule était immaculé, depuis le tapis sans une seule poussière, jusqu'au plafond impeccable. Presque tout de suite, j'ai vu les livres; il y en avait des centaines sur les étagères d'une bibliothèque et placés en piles régulières, aussi hautes que l'habitant de ces lieux.

J'ai regardé Simon d'un air interrogateur. Il a haussé les épaules et son sourire a réchauffé la pièce. «Que voulez-vous que fasse un vieil homme, sinon lire et penser? Je vous en prie, faites comme chez vous. Je vais vous servir un sherry.»

Lorsque Simon s'est dirigé vers la cuisine, je me suis dirigé vers la bibliothèque et j'ai commencé à lire les titres des livres, espérant apprendre quelque chose de ce géant fascinant. Je me suis mis en devoir de déchiffrer les inscriptions se trouvant sur l'épine des livres — *César et le Christ* de Will Durant, *Le prophète* de Gibran, *La vie des grands hommes* de Plutarque, *La Physiologie du système nerveux* de Fulton, *L'organisme* de Goldstein, *The Unexpected Universe* d'Eiseley, *Don Quichotte* de Cervantes, les

Travaux d'Aristote, *l'Autobiographie* de Franklin, *L'esprit humain* de Menninger, *L'imitation de Jésus-Christ* de Kempis, *The Talmud*, plusieurs exemplaires de la Bible...

Mon hôte est revenu en me tendant un verre de vin. Je l'ai pris et j'ai trinqué doucement avec lui. Les bords, en se heurtant, ont fait entendre un son cristallin, qui a résonné dans la pièce silencieuse. Simon dit: «À notre amitié. Qu'elle soit longue et prospère.»

«Amen,» dis-je.

Il a pointé son verre en direction de la bibliothèque. «Que pensez-vous de mes livres?»

«C'est une très belle collection. J'aimerais la posséder. Vous avez des intérêts très variés.»

«Pas vraiment. En fait, c'est un ramassis résumant des heures agréables, passées pendant des années, dans des librairies vendant des livres d'occasion. Mais on y retrouve pourtant un thème commun, qui fait de chacun de ces volumes quelque chose de très spécial.»

«Spécial?»

«Oui. Chacun, à sa façon, traite du plus grand miracle du monde, et en donne une explication. C'est pourquoi je les appelle "les livres de la main de Dieu".»

«La main de Dieu?»

«Il m'est difficile de l'expliquer avec des mots... mais je suis persuadé que certains morceaux de musique, certaines œuvres d'art et certains livres et pièces de théâtre ont été créés non pas par le compositeur, l'artiste, l'écrivain ou l'auteur dramatique, mais par Dieu et que ceux que nous reconnaissons comme les créateurs de telles œuvres ne sont en fait que les instruments employés par Dieu pour communiquer avec nous. Que se passe-t-il, Monsieur Og ?»

Apparemment, j'ai sursauté en entendant ses mots. Deux semaines auparavant, à New York, Barry Farber, très connu dans les milieux de la radio, avait utilisé exactement ces mots : "la main de Dieu", alors qu'il vantait mon livre au cours d'une émission dont je faisais partie.

«Vous voulez dire que Dieu continue à communiquer avec nous comme Il le faisait du temps des anciens prophètes juifs ?»

«J'en suis certain. Pendant des millénaires, notre monde a connu un nombre incroyable de prophètes prononçant et expliquant la parole de Dieu : Elisée, Amos, Moïse, Ezéchiel, Isaïe, Jérémie, Samuel et tous les autres merveilleux messagers, jusqu'à l'arrivée de Jésus et de Paul. Et puis, il n'y aurait plus rien eu ? Je me refuse à y croire. Peu importe le nombre de Ses prophètes qui ont été ridiculisés, châtiés, torturés et même mis à mort, je ne peux pas concevoir que Dieu ait fini par abandonner et par nous tourner le dos, laissant certains d'entre nous penser qu'Il est sûrement mort puisque nous n'en avons pas eu de nouvelles depuis si longtemps. Je pense qu'au contraire, Il a envoyé, à chacune des générations, des gens spéciaux, des gens brillants, remplis de talents... tous portant le même message, sous une forme ou une autre... à savoir que chaque être humain est capable d'accomplir le plus grand miracle du monde. Et c'est la faute la plus lourde de l'homme que de n'avoir pas compris ce message, aveuglé qu'il est par la banalité des civilisations qui se succèdent.»

« Quel est ce plus grand miracle du monde que nous pouvons tous accomplir ? »

« Tout d'abord, Monsieur Og, pouvez-vous me donner la définition d'un miracle ? »

« Je pense que oui. C'est quelque chose qui se produit, qui est contraire aux lois de la nature ou de la science... une suspension temporaire de l'une de ces lois ? »

« C'est très concis et précis, Monsieur Og. Maintenant, dites-moi une chose. Pensez-vous être capable d'accomplir un miracle... de suspendre une quelconque loi de la nature ou de la science ? »

J'ai ri nerveusement, en secouant la tête. Le vieil homme s'est levé, a pris un petit presse-papier en verre qui se trouvait sur la table à café et me l'a tendu. « Si je lâche ce presse-papier, il va tomber par terre, n'est-ce pas ? »

J'ai acquiescé.

« Quelle est la loi qui décrète qu'il va tomber par terre ? »

« La loi de la gravité. »

« Exactement. » Puis, sans prévenir, il a laissé tomber le presse-papier. Instinctivement, j'ai tendu les mains et je l'ai attrapé avant qu'il n'atteigne le plancher.

Simon joignit les mains et me regarda d'un air satisfait. « Vous rendez-vous compte de ce que vous venez de faire, Monsieur Og ? »

« J'ai rattrapé votre presse-papier. »

« C'est plus que ça. Votre action a temporairement suspendu la loi de la gravité. De par la définition d'un miracle, vous venez tout juste d'en accomplir un. Maintenant, d'après vous, quel est le plus grand miracle jamais accompli sur cette terre ? »

J'ai réfléchi pendant plusieurs minutes. « C'est probablement ces cas où des morts sont supposément revenus à la vie. »

« Je suis d'accord, comme le serait je pense n'importe qui. »

« Mais quel est le rapport avec tous ces livres que vous avez ? Ils n'enseignent sûrement pas des méthodes secrètes pour revenir à la vie ? »

« Mais oui, Monsieur Og. La plupart des humains sont dans une certaine mesure déjà morts. D'une façon ou d'une autre, ils ont perdu leurs rêves, leurs ambitions, leurs désirs d'une vie meilleure. Ils ont abandonné la bataille du respect d'eux-mêmes et ils ont fait des compromis sur ce qui représentait leur potentiel le plus grand. Ils se contentent d'une vie médiocre, de journées remplies de désespoir et de nuits remplies de pleurs. Ils ne sont plus que des morts-vivants confinés dans un cimetière de leur choix. Pourtant rien ne les oblige à vivre ainsi. Ils peuvent ressusciter de cet état lamentable. Ils peuvent tous accomplir le plus grand miracle du monde. Ils peuvent tous ressusciter des morts... et dans ces livres se trouvent les méthodes, les techniques et les secrets les plus simples qu'ils peuvent tous appliquer dans leur vie de tous les jours pour devenir exactement ce qu'ils souhaitent devenir et atteindre les véritables richesses de la vie. »

Je ne savais ni quoi dire, ni quoi répondre. Je me suis assis en le fixant, jusqu'à ce qu'il rompe le silence. « Pensez-vous qu'il soit possible que des individus accomplissent de tels miracles en ce qui concerne leur propre vie, Monsieur Og ? »

« Oui, je pense que c'est possible. »

« Est-ce que vous écrivez des choses sur de tels miracles dans vos livres ? »

« Parfois. »

« J'aimerais lire ce que vous avez écrit. »

« Je vous apporterai un exemplaire de mon premier livre. »

« Il parle de miracle ? »

« Oui, de nombreux miracles. »

« Lorsque vous l'avez écrit, sentiez-vous la main de Dieu sur vous ? »

« Je ne sais pas Simon. Je ne pense pas. »

« Je serai peut-être capable de vous le dire après l'avoir lu, Monsieur Og. »

Après cet échange d'idées, nous sommes restés assis, dans un silence interrompu seulement par le grondement occasionnel d'un camion ou par le rebondissement d'un autobus qui descendait l'avenue Devon. Je buvais le sherry et je me sentais plus détendu et plus en paix avec le monde que je ne l'avais été depuis plusieurs mois. J'ai finalement posé mon verre sur la petite table cirée placée près de ma chaise et j'ai regardé deux petites photos, chacune placée dans un petit encadrement de bronze. La première était celle d'une belle femme brune et la seconde, celle d'un petit garçon blond, en uniforme militaire. Je me suis tourné vers Simon qui a deviné ma question.

« Ma femme. Mon fils. »

J'ai hoché la tête. Sa voix était maintenant si douce que je l'entendais à peine et j'ai compris : « Ils sont tous les deux morts. »

J'ai fermé les yeux et j'ai hoché la tête à nouveau. Les mots suivants étaient à peine plus audibles qu'un murmure : « Dachau, mille neuf cent trente-neuf. »

Lorsque j'ai ouvert les yeux, le vieil homme avait la tête penchée et ses deux grandes mains crispées se contractaient autour de son front. Puis, comme s'il avait été gêné de s'être laissé aller momentanément devant un étranger, il s'est redressé et s'est forcé à sourire.

J'ai changé de sujet. « Qu'est-ce que vous faites Simon ? Avez-vous un emploi ? »

Le vieil homme hésita un bon moment. Puis en souriant et écartant les mains d'un geste effacé me dit : « Je suis un chiffonnier Monsieur Og. »

« Je pensais que les chiffonniers avaient disparu en même temps que les soupes populaires et les marches de la faim au début des années trente. »

Simon a étendu les bras et a posé sa main sur mon épaule. « Par définition Monsieur Og, un chiffonnier est une personne qui ramasse les vieux chiffons et autres rebuts des rues et des tas d'ordures dans le but de les vendre. J'imagine que ce genre de chiffonnier a disparu de notre pays pendant toutes ces années de plein emploi, mais ils pourraient réapparaître si les conditions changeaient à nouveau. »

« J'en doute. Le taux de criminalité que nous connaissons actuellement semble indiquer que nous ayons découvert de nouvelles façons plus rapides et plus faciles, de nous approprier d'un montant valable

— comme les cambriolages, le vol à main armée et les escroqueries. »

«J'ai bien peur que ce que vous disiez soit vrai Monsieur Og. Mais à une époque comme la nôtre, où les prix du papier et du métal ne cessent de monter, j'imagine qu'un chiffonnier ou un ferrailleur pourrait très bien gagner sa vie. Cependant je ne suis pas ce genre de chiffonnier. Je cherche des matériaux ayant plus de valeur que les vieux journaux ou les vieilles boîtes de conserve. Je recherche les déchets de l'espèce humaine, les gens qui ont été rejetés par les autres et souvent par eux-mêmes, ceux qui disposent encore d'un potentiel très grand mais qui ont perdu le respect d'eux-mêmes et le désir d'une vie meilleure. Lorsque j'en trouve, j'essaie de modifier leur vie et de l'améliorer, de leur donner un nouveau sentiment d'espoir, un sens de la direction et je les aide à ressusciter des morts... ce qui est pour moi le plus grand miracle du monde. Et bien sûr, la sagesse que j'ai reçue de ces livres de "la main de Dieu" m'a énormément aidé dans ce que j'appelle ma profession.

«Vous voyez cette croix de bois que je porte souvent. Elle a été sculptée par un jeune homme qui était commis d'expédition. Je l'ai rencontré un soir, sur l'avenue Wilson... ou c'est plutôt lui qui m'a rencontré. Il était ivre. Je l'ai amené ici. Après plusieurs tasses de café noir, une douche froide et un peu de nourriture, nous avons parlé. Il était littéralement une âme perdue. Ce jeune homme était totalement vaincu par son incapacité à faire vivre décemment sa femme et ses deux jeunes enfants. Il avait deux emplois, travaillant plus de dix-sept heures par jour et cela durait depuis plus de trois ans ; il était au bord de la dépression. Lorsque je l'ai rencontré... il avait commencé à boire pour fuir l'idée qu'il n'était qu'un mort-vivant et échapper à sa conscience qui lui répétait qu'il ne méritait pas sa magnifique petite famille. J'ai réussi à le convaincre que sa situation n'avait rien d'inhabituel, qu'elle n'était pas sans espoir et il commença à venir me voir presque tous les jours, avant de se rendre à son travail du soir. Ensemble nous avons cherché et discuté de plusieurs secrets, modernes et anciens, de bonheur et de réussite. Je pense que j'ai passé tous les sages en revue, depuis Salomon, jusqu'à Emerson, en passant par Gibran. Et il m'écoutait avec attention. »

« Que lui est-il arrivé ? »

« Lorsqu'il a réussi à économiser mille dollars, il a quitté ses deux emplois, a entassé sa famille dans sa vieille Plymouth et s'est dirigé vers l'Arizona. Ils ont maintenant une petite boutique, juste à la sortie de Scottsdale et il commence à demander des prix assez élevés pour ses sculptures en bois. Il m'écrit de temps en temps, me remerciant chaque fois pour lui avoir donné le courage de changer sa vie. Cette croix a été l'une de ses premières sculptures. Maintenant c'est un homme heureux et satisfait... il n'est pas plus riche mais plus heureux. Vous voyez Monsieur Og, la plupart d'entre nous érigeons des prisons pour nous-mêmes et après y avoir vécu un certain temps, nous nous habituons aux murs et nous acceptons les prémisses erronées, à savoir que nous sommes incarcérés pour la vie. Dès que nous nous laissons posséder par cette croyance, nous abandonnons tout espoir d'accomplir quoi que ce soit de meilleur avec nos joies et de donner à nos rêves la chance de se réaliser. Nous devenons des pantins et nous commençons à souffrir comme des morts-vivants. Il est peut-être très méritoire et digne d'éloges de sacrifier votre vie à une cause, à un commerce ou au bonheur des autres, mais si ce style de vie vous rend misérable et malheureux et vous le savez, continuer à vivre de cette façon n'est plus qu'hypocrisie, mensonge et rejet de la foi que votre créateur a placée en vous.»

«Simon excusez-moi, mais ne vous vient-il jamais à l'idée que peut-être vous ne devriez pas et que vous n'avez aucun droit de vous mêler de la vie des autres? Après tout, ces gens ne vous cherchent pas. C'est vous qui devez les trouver et les convaincre qu'ils peuvent mener une toute autre vie s'ils veulent bien s'en donner la peine. N'êtes-vous pas en train d'essayer de jouer à Dieu?»

Le visage du vieil homme s'est radouci dans une expression de sympathie et de compassion à mon manque évident de perception et de compréhension. Mais sa réponse a été brève... et indulgente.

«Monsieur Og je ne joue pas à Dieu. Mais ce que vous apprendrez un jour ou l'autre, c'est que Dieu très souvent, joue à l'homme. Dieu ne fait jamais rien sans l'homme et chaque fois qu'Il accomplit un miracle, c'est toujours par l'intermédiaire de l'homme.»

Il s'est levé comme pour me signifier que la visite était terminée, technique que j'utilise très souvent au bureau lorsque j'estime qu'il est temps d'interrompre une entrevue.

Je lui ai serré la main et je suis sorti dans le corridor. «Merci de votre hospitalité et pour le sherry.»

«Cela m'a fait plaisir Monsieur Og. Et s'il vous plaît, apportez-moi un exemplaire de votre livre dès que vous en aurez l'occasion.»

Sur le long chemin du retour à la maison, une question ne cessait de me revenir à l'esprit.

Si ce vieux sage de chiffonnier se spécialisait dans le sauvetage de rebuts humains, pourquoi perdait-il son temps avec moi, président de compagnie, riche et prospère, venant tout juste d'écrire un livre déjà best-seller?

CHAPITRE TROIS

Plusieurs jours plus tard, alors que je sortais de ma voiture dans le terrain de stationnement, j'ai entendu quelqu'un prononcer mon nom avec une puissance telle, que j'en ai sursauté. J'ai regardé autour de moi mais je ne voyais personne.

«Monsieur Og, Monsieur Og, par ici!»

Simon était penché à la fenêtre de son appartement, au deuxième étage, au-dessus d'une jardinière remplie de fleurs, agitant un petit arrosoir bleu pour attirer mon attention.

Je lui ai fait signe.

«Monsieur Og, Monsieur Og... votre livre, votre livre. N'oubliez pas votre promesse.»

J'ai hoché la tête en signe d'acquiescement.

Il m'a montré l'intérieur de son appartement. «Ce soir... avant d'aller chez vous?»

Je lui ai encore fait signe que oui.

Il a souri et a crié: «Votre sherry sera prêt.»

Je lui ai fait signe que j'étais d'accord, j'ai verrouillé la voiture et je me suis dirigé vers les problèmes de la journée.

«Simon Potter *qui* êtes-vous?

«Simon Potter *qu'*êtes-vous?

«Simon Potter *pourquoi* êtes-vous là?»

Je me suis retrouvé subitement en train de répéter en silence ces trois questions, un peu comme une ronde enfantine, au rythme de mes pas, alors que je me dépêchais pour arriver au bureau.

Jusqu'à présent, j'avais été incapable de définir mes sentiments face au vieil homme et cela m'ennuyait. Il me fascinait... et pour quelque raison inexplicable, il m'effrayait. Son aspect extérieur et son comportement correspondaient à tous les préjugés que je pouvais avoir sur les mystiques et les prophètes bibliques, sur leur apparence et leur façon d'agir. Je pensais à lui aux moments les plus étranges, comme au cours d'une réunion budgétaire, en lisant des articles qui m'étaient envoyés ou en rédigeant la critique d'un livre. Son visage, sa voix, ses manières charismatiques s'introduisaient d'eux-mêmes dans mes pensées et m'empêchaient de me concentrer. Qui était-il ? D'où venait-il ? Que faisait dans ma vie cet Isaïe moderne ? Peut-être aurais-je quelques réponses au cours de la soirée. Pour ma propre tranquillité d'esprit, je l'espérais.

Vers l'heure de la fermeture du bureau j'ai demandé à Pat Smith, ma secrétaire, de me donner un exemplaire de mon livre Le Plus Grand Vendeur Du Monde. Elle s'est arrêtée sur le pas de la porte après m'avoir remis le livre. « Ce sera tout Og ? »

« Oui merci Pat. À demain. Bonsoir. »

« Bonsoir... et n'oubliez pas d'éteindre la machine à café. »

« Ne vous en faites pas. »

« C'est ce que vous avez dit la dernière fois où vous êtes resté après les autres et vous avez endommagé deux cafetières. »

Je l'ai entendue fermer la porte extérieure pendant que je restais assis en tenant le livre, mon livre, ma création, que le *Publishers Weekly* qualifiait maintenant du «meilleur best-seller de tous les temps». Pendant quatre ans, jamais il n'était apparu sur les listes des best-sellers et pourtant, avec un tirage phénoménal de quatre cent mille exemplaires cartonnés, il avait déjà dépassé toutes les publications cartonnées, y compris les écrits d'Harold Robbins, Irving Wallace ou Jacqueline Susann.

Il était maintenant question que plusieurs maisons d'édition de livres de poche achètent les droits de réimpression et les sommes, dont on parlait étaient énormes... dans les six chiffres. Que se passerait-il si tout cela se concrétisait? Saurais-je faire face à la situation? Comment me comporter avec cette richesse subite et cette publicité qui ne manquerait pas de suivre une campagne de promotion menée par l'une des plus grandes maisons d'édition de livres de poche? Quel est le prix que j'aurais à payer personnellement pour tout ça? Aurais-je à le regretter plus tard? Je me souvenais de ce que Simon avait dit sur les prisons dont nous nous entourions. Ce genre de réussite serait-il la clé dont j'avais besoin pour me libérer ou la clé qui m'enfermerait? Qu'est-ce que je voulais d'autre de la vie? Est-ce que je changerais mon mode de vie si j'avais cette liberté financière? Qui peut vraiment répondre à toutes ces questions avant d'être en face des faits?

J'ai essayé de ne plus penser à tous ces «Qu'est-ce-que-si» et j'ai ouvert le livre pour le dédicacer à Simon. Que pouvais-je inscrire qui correspondrait bien avec la personnalité de cet homme qui avait tout du saint? Je trouvais important de trouver les mots exacts. Et qu'est-ce qu'un expert en auteurs comme Gibran, Plutarque, Platon, Sénèque et Eiseley allait-il penser de mon petit livre après l'avoir lu? C'est ce qui était important à mes yeux.

J'ai commencé à écrire...

> À Simon Potter
> Le plus merveilleux chiffonnier de Dieu
> Amitiés
> Og Mandino

J'ai pensé à éteindre la machine à café, à brancher le signal d'alarme, à éteindre les lumières, j'ai fermé le bureau et j'ai traversé le terrain de stationnement obscur pour me rendre chez lui. J'ai trouvé le numéro 21 inscrit au crayon jaune au-dessus de l'une des boîtes aux lettres du hall d'entrée et j'ai appuyé deux fois sur la sonnette avant de monter les escaliers. Simon m'attendait dans l'entrée.

«Vous y avez pensé!»

«C'est vous qui m'y avez fait penser!»

«Oui. Comme la plupart des vieillards, je suis grossier et présomptueux. Excusez ma désinvolture, Monsieur Og. Entrez, entrez.»

Nous avons fait notre échange alors que nous étions encore debout. Je lui ai tendu mon livre et il m'a offert un verre de sherry. Il fronça les sourcils en lisant le titre.

«Le Plus Grand Vendeur du Monde? Très intéressant. Puis-je deviner qui cela pouvait-il bien être?»

«Vous ne devinerez jamais Simon. Ce n'est pas celui que vous croyez.»

Puis il a ouvert la couverture et lu mon inscription. Son visage m'a semblé se radoucir et lorsqu'il a relevé la tête, ses grands yeux bruns étaient remplis d'émotion.

« Merci. Je sais que je vais l'aimer. Mais pourquoi avez-vous écrit cela de cette façon ? Chiffonnier d'accord... mais le plus merveilleux de Dieu ? »

Je lui ai pointé du doigt ses piles de livres. « La dernière fois, vous m'avez parlé de votre théorie que certains livres étaient écrits et guidés par la main de Dieu. Je me suis dit tout simplement que si vous pouviez reconnaître lorsqu'un écrivain avait été inspiré par la main de Dieu, c'est que vous étiez sûrement l'un de Ses bons amis. »

Il m'a dévisagé avec attention, me fixant pendant un laps de temps insupportable, jusqu'à ce que je détache mon regard.

« Et vous aimeriez que je lise votre livre et que je décide si oui ou non il appartient à la même catégorie que les autres... inspiré par la main de Dieu ? »

« Je ne sais si c'est cela que je veux Simon. Peut-être inconsciemment, mais je n'y ai pas vraiment pensé. Tout ce que je sais, c'est que les prémonitions les plus étranges m'assaillent lorsque je suis avec vous. Vous êtes très souvent présent à mon esprit et je ne sais pas pourquoi. »

Le vieil homme s'est appuyé la tête sur le dossier de sa chaise et a fermé les yeux. « Une prémonition, c'est un avertissement inexplicable qui fait connaître un événement à l'avance. C'est comme ça que vous vous sentez lorsque vous êtes avec moi ou lorsque vous pensez à moi ? »

«Je ne suis pas certain que cela décrive ce que je ressens.»

«C'est peut-être l'impression que nous nous sommes déjà rencontrés ou que nous avons déjà partagé certaines expériences? Une impression de déjà vu?»

«C'est plutôt ça. Vous est-il déjà arrivé de rêver et, en vous réveillant, d'essayer de vous souvenir de votre rêve, mais tout ce qu'il vous en restait était des ombres et des voix méconnaissables, sans aucun sens et sans aucun rapport avec votre vie?»

Le vieil homme a fait signe que oui. «Très souvent.»

«Eh bien, c'est comme ça que je me sens lorsque je suis avec vous ou que je pense à vous. J'imagine que les jeunes appelleraient cela des vibrations. Mais je ne peux pas les définir car je n'en ai jamais fait l'expérience.»

«L'esprit est un mécanisme très étrange, Monsieur Og.»

«Simon, je n'ai vraiment aucune idée du nombre de livres et d'articles de magazines concernant l'esprit que j'ai pu lire au cours des derniers dix ans, afin de pouvoir les utiliser pour mon magazine. Et pourtant, plus je me documente, plus je me rends compte du peu que nous savons sur ce mystère qui gît en nous... et même tout simplement sur l'endroit où il se situe.»

Le vieillard s'est frotté la joue en disant: «Le Dr Karl Menninger a écrit que l'esprit humain est beaucoup plus qu'un petit sac de trucs du cerveau. C'est en fait la personnalité entière, faite d'instincts humains, d'habitudes, de souvenirs, d'organes, de muscles et de sensations, le tout soumis à un perpétuel processus de transformation. »

« Je connais le Dr Menninger. »

« Personnellement ? Vraiment ? »

« Oui. »

« Quel genre d'homme est-ce ? »

« C'est un géant, presque aussi grand que vous, un homme magnifique comme vous... et une étincelle traverse toujours son regard lorsqu'il parle. »

« Est-ce qu'il y a ce que vous appelez une étincelle dans mon regard, Monsieur Og ? »

« Parfois, Simon. Parfois. »

Il a souri tristement. « Je préfère ce que Milton a écrit sur l'esprit. "L'esprit est entier et à lui seul il peut faire un paradis de l'enfer ou un enfer du paradis." Monsieur Og, notre esprit est la plus grande création sur terre et il peut engendrer le plus merveilleux bonheur pour celui qui le possède, mais il peut aussi le détruire. Pourtant, bien que l'on nous ait appris comment le contrôler, pour notre bonheur et à notre avantage, nous vivons toujours en ignorant tout de son potentiel, comme le plus stupide des animaux. »

« Le secret de contrôler notre esprit à notre avantage... ? »

Simon m'a indiqué sa pile de livres. « Tout est là. Il ne reste plus qu'à étudier les trésors gisant, exposés, tout autour de nous. Pendant des siècles, l'homme a comparé son esprit à un jardin. Sénèque a dit que la terre, aussi fertile soit-elle, ne peut rien donner si on ne la cultive pas et qu'il en est de même pour notre esprit. Sir Joshua Reynolds a écrit que notre esprit était une terre aride, très vite usée et stérile, à moins qu'on ne le fertilise sans arrêt avec des idées nouvelles. Et James Allen, dans son livre faisant maintenant partie des plus grands classiques : L'Homme est le Reflet de ses Pensées, a écrit que l'esprit de l'homme était comme un jardin qu'on pouvait cultiver intelligemment ou qu'on pouvait laisser à l'abandon, mais que, cultivé ou négligé, il produirait. Si aucune graine utile n'y était plantée, alors les mauvaises herbes l'envahiraient aussitôt en abondance et les résultats seraient une terre remplie de plantes inutiles, mauvaises et impures. En d'autres mots, qu'importe ce que nous y laissons pénétrer, nos esprits portent toujours des fruits. »

J'ai allumé une cigarette et j'ai bu chacune de ses paroles.

« Maintenant, l'homme compare son esprit à un ordinateur, mais ses conclusions sont les mêmes que celles de Sénèque et des autres. Dans le domaine de l'informatique, on sait très bien que l'on obtient ce que l'on donne. Si les informations entrées sont erronées, les données sont fausses. Il en est de même avec nos esprits... que l'on pense en terme de jardin ou d'ordinateur IBM 360. Mettez-y du matériel négatif... et c'est ce que vous récolterez. D'un autre côté, si vous programmez ou plantez des pensées et des idées magnifiques, positives, correctes, c'est ce que vous récolterez. C'est simple, vous voyez. Vous pouvez vraiment devenir la concrétisation de vos pensées. Ce qu'un homme pense au plus profond de son cœur, il le devient. Allen a écrit : "L'homme se fait et se défait lui-même dans l'arsenal de ses pensées, il forge les armes avec lesquelles, il se détruit ; mais il façonne également les outils qui lui permettent de construire des châteaux célestes de joie, de force et de paix. Par un juste choix et une bonne application de ses pensées, l'homme peut atteindre la perfection divine." Monsieur Og, notez bien ces mots "par un juste choix". Ils sont la pierre angulaire d'une vie heureuse et peut-être me laisserez-vous à un autre moment élaborer sur le sujet.»

« En d'autres mots, Simon, vous voulez dire que nous pouvons programmer notre esprit. Mais comment ?»

« C'est très simple. Nous pouvons le faire pour nous-même ou d'autres peuvent le faire pour nous. Tout simplement en entendant ou en lisant, maintes et maintes fois, une pensée ou une affirmation, qu'il s'agisse de la vérité ou de mensonges les plus abjects, notre esprit finira par graver cette pensée qui finira par faire partie de notre personnalité de façon permanente et si forte qu'à l'avenir nous agirons en conséquence, sans même réfléchir. Si vous vous souvenez bien, c'est ce qu'Hitler a fait avec une nation complète et l'expression "lavage de cerveau" ne nous est que trop familière si l'on pense à toutes ces tristes expériences vécues par nos troupes captives en Orient.»

« Nous devenons ce que nous pensons ?»

« Toujours.»

J'avais là une occasion unique d'en avoir le cœur net. Aussi j'en ai profité.

« Simon, parlez-moi de vous. Voulez-vous ?»

Il a secoué la tête, a placé son verre de vin sur la table, a croisé ses mains sur ses genoux et, tout en les regardant, il me dit : « Je veux bien. Je n'en ai pas eu l'occasion depuis des années et je m'aperçois que vous espérez que je dise quelque chose qui vous aide à clarifier tout ce qui semble concerner notre relation. Tout d'abord, j'ai soixante-dix-huit ans et je suis en bonne santé. J'habite ce pays depuis mille neuf cent quarante-six. »

« Vous y êtes venu tout de suite après la guerre ? »

« Oui. »

« Que faisiez-vous avant la guerre ? »

Il sourit. « Je réalise qu'il va vous falloir une bonne dose de confiance aveugle pour me croire, mais je dirigeais la plus grosse compagnie d'import-export en Allemagne et nous traitions exclusivement des marchandises du Moyen-Orient. Ma maison était située à Francfort, mais le siège social de la compagnie se trouvait à... »

Je l'interrompis... « Damas ? »

Il m'a regardé d'une manière étrange. « Oui, Monsieur Og, Damas. »

Je me suis frotté les joues à deux mains et j'ai avalé rapidement le restant de mon sherry. Comment pour l'amour de Dieu est-ce que je savais cela ? Pour quelque raison inexplicable j'avais soudain le besoin urgent de me lever et de fuir cet appartement. Au contraire, je restais assis là les deux jambes absolument immobiles, paralysé par un dilemme inconnu. Je ne voulais plus rien entendre et pourtant, je voulais tout savoir. Le reporter en moi finit par remporter et j'ai commencé à le bombarder de questions, un peu comme si j'étais devenu un procureur de province ambitieux. Il a répondu à chacune de mes questions à son propre rythme.

« Simon, aviez-vous des filiales ? »

« Dix, dans des villes comme Jérasulem, Bagdad, Alexandrie, LeCaire, Beyrouth, Alep... »

« Dix ? »

« Dix. »

« Quel genre de marchandises exportiez-vous et importiez-vous ? »

« Surtout des marchandises ayant un certain degré de rareté et de valeur. Des lainages et vêtements, de la fine verrerie, des pierres précieuses, des tapis de la plus haute qualité, des articles en cuir et des papiers... »

« Vous avez dit que votre compagnie était importante ? »

« Nous étions les plus importants de ce genre, dans le monde entier. Notre volume annuel de ventes, même en pleine dépression, en 1936, dépassait deux cent millions de dollars américains. »

« Et vous étiez le président de cette compagnie ? »

Simon a hoché la tête timidement. « Ce n'est pas difficile d'être président d'une compagnie quand on en est le seul propriétaire, fondateur et... » tenant mon livre en pointant son titre, « aussi le meilleur vendeur de la compagnie. »

Mon hôte s'est levé pour remplir mon verre. J'en ai avalé la moitié pendant que je l'étudiais avec attention. Était-il en train de me faire marcher ? Finalement, je l'ai attrapé par le bras, l'obligeant gentiment à se tourner vers moi de sorte que je pouvais le regarder droit dans les yeux : « Simon, dites-moi la vérité, avez-vous déjà lu mon livre ? »

« Excusez-moi, Monsieur Og, mais, je n'ai jamais vu ce livre avant ce soir. Pourquoi ? »

«Le Plus Grand Vendeur du Monde est un livre dont l'action se passe au temps de Jésus-Christ. Il raconte l'histoire d'un jeune chamelier, Hafid, qui avait l'ambition de devenir vendeur, afin de gagner sa part de l'or qu'il voyait les autres vendeurs de la caravane récolter comme fruits de leurs efforts. Finalement, après de nombreux refus, le maître de la caravane finit par donner une tunique à Hafid et l'envoie au village voisin appelé Bethléem afin qu'il puisse prouver qu'il est capable de vendre. Mais le jeune garçon, après trois journées humiliantes pendant lesquelles il n'a pas réussi à vendre la tunique, la donne en présent pour réchauffer un nouveau-né qui dort dans une crèche, dans une grotte. Puis il retourne vers la caravane, croyant avoir échoué comme vendeur, sans jamais remarquer l'étoile brillante qui le suivait. Mais le maître de la caravane voit en l'étoile le signe d'une prophétie ancienne et il donne au jeune garçon dix rouleaux de réussite que le jeune applique dans sa vie pour éventuellement devenir...le plus grand vendeur du monde.»

«C'est une histoire très émouvante, Monsieur Og.»

«Il y a plus, Simon. Lorsque le jeune Hafid devient riche et puissant, il installe son entrepôt principal dans une certaine ville. Savez-vous laquelle?»

«Damas?»

«Oui. Puis il ouvre de nouveaux entrepôts et de nouvelles filiales à travers le Moyen-Orient. Savez-vous combien, Simon?»

«Dix?»

«Oui, encore. Et les marchandises qu'il vendait, telles que je les ai décrites dans mon livre, étaient les mêmes que celles que vous vendiez!»

Le vieil homme a détourné son regard et a dit très lentement: «Ce... sont... là... des... coïncidences... très... étranges... Monsieur Og.»

J'ai continué de façon empressée. «Parlez-moi de votre famille, Simon.»

Il a hésité pendant plusieurs minutes avant de continuer. «Comme je vous l'ai déjà dit, j'habitais Francfort. En fait, nous habitions la banlieue, à Sachsenhaussen, dans un merveilleux domaine qui donnait sur le fleuve. Et pourtant, le temps que j'y passais était très limité. Il me semblait que j'étais toujours en train de dire au revoir à ma famille, à l'aéroport. Je détestais de plus en plus les journées et les semaines que je passais loin de ma femme et de mon fils. Finalement, en 1935, j'ai décidé de faire quelque chose au sujet de ma vie. J'ai fait des plans pour l'avenir. J'ai décidé de travailler très dur jusqu'en 1940, puis de me retirer et de vivre confortablement avec ma famille jusqu'à la fin de nos jours. Je transférerais le contrôle de la compagnie à ceux de mes employés qui s'étaient montrés loyaux envers moi pendant tant d'années...»

Je l'ai interrompu à nouveau... mais cette fois-ci ma voix s'est brisée. «Simon, lorsque vous lirez mon livre, vous verrez que mon grand vendeur, Hafid, a finalement abandonné ses affaires et la plus grande partie de ses richesses au profit de ceux qui l'avaient aidé à les accumuler.»

Le vieil homme fronçait les sourcils et secouait la tête en signe de dénégation.

«C'est impossible! C'est impossible!»

«Vous le verrez bien. Et votre famille?»

«Pendant ce temps, Hitler a pris le pouvoir. Pourtant, j'étais comme la plupart des gens en affaires, je n'avais aucune idée du monstre à qui nous avions aveuglément donné la possibilité de contrôler notre pays. Ma femme était Juive et alors que je me trouvais à Damas, au cours de l'un de mes nombreux voyages, l'un des agents d'Hitler m'a rendu visite. Il m'a annoncé très calmement que ma femme et mon fils se trouvaient sous bonne garde et qu'ils ne seraient relâchés que lorsque je ferais don, par écrit, de ma compagnie au complet et de tout son actif au Parti National Socialiste. J'ai signé sans aucune hésitation. J'ai pris l'avion immédiatement pour Francfort où j'ai été arrêté par la police secrète, à la barrière de l'aéroport. J'ai passé toutes les années de la guerre d'un camp de concentration à l'autre. Je pense que je dois ma vie au seul fait de n'être pas Juif.»

«Et votre femme et votre fils?»

«Je ne les ai jamais revus.»

J'allais dire: «Je suis désolé», mais je me suis arrêté avant.

«Et votre compagnie?»

«Finie. Tout a été confisqué par les nazis. Après la guerre, j'ai passé près de quatre ans à essayer de trouver des indices concernant ma famille. Les Américains et les Anglais se sont montrés très coopératifs et sympathiques. Finalement, j'ai appris par les services secrets américains que ma femme et mon fils avaient été assassinés et brûlés à Dachau presque immédiatement après avoir été faits prisonniers.»

Il était difficile de continuer. Je me sentais comme un cruel inquisiteur forçant le vieil homme à revivre des souvenirs qu'il avait depuis longtemps repoussés au plus profond de son esprit afin de ne pas sombrer dans la folie. Pourtant, je continuais. «Comment êtes-vous arrivé dans ce pays?»

«Au cours de ma période de gloire, je me suis fait de nombreux bons amis à Washington. L'un d'eux est intervenu en ma faveur auprès des autorités de l'immigration qui ont fermé les yeux sur le fait que je n'avais pas de passeport. Un autre m'a prêté l'argent pour le voyage. J'avais visité Chicago en 1931 et j'avais aimé sa vitalité. C'est pourquoi je m'y suis installé.»

«Qu'avez-vous fait pendant toutes ces années?»

Il a haussé les épaules et a fixé le plafond. «Que pensez-vous que peut faire un ex-président de compagnie, millionnaire, dont toutes les raisons de vivre sont mortes dans une chambre à gaz? J'ai eu des centaines d'emplois temporaires, seulement pour survivre... concierge de boîte de nuit, cuisinier, éboueur, ouvrier de la construction... n'importe quoi. Je savais que j'avais toutes les connaissances nécessaires, l'expérience et l'habileté requises pour remonter une autre affaire, mais je n'en avais dorénavant plus le cran. Je n'avais plus aucune raison de réussir ou d'amasser une fortune, alors je ne faisais aucun effort. Finalement, j'ai passé les examens de la ville pour devenir concierge dans une école, rue Foster. Cela me convenait très bien. J'étais entouré d'enfants gais à longueur de journée. C'était très bien. Et de temps en temps, j'apercevais un gamin qui me faisait penser à mon Éric. C'était un excellent emploi. J'ai pris ma retraite à soixante-cinq ans et la ville me verse une petite pension, suffisante pour vivre... et lire.»

« Qu'est-ce qui vous a décidé à devenir ce que vous appelez un chiffonnier ? »

Simon a souri et s'est renversé dans sa chaise, fixant à nouveau le plafond, comme s'il essayait de se rappeler des détails depuis longtemps enfouis dans son esprit. « J'ai emménagé dans cet appartement dès que j'ai pris ma retraite. Lazarus, mes livres et moi. Tous les matins, on avait pris l'habitude, Lazarus et moi, de faire un tour complet du pâté de maisons. Un matin, alors que je sortais de l'édifice, j'ai vu la barrière du stationnement, là où je vous ai vu pour la première fois et tout près, se trouvait une jeune femme qui avait l'air d'avoir quelque difficulté. Son automobile était garée près de la barrière abaissée et elle donnait des coups de poing sur la boîte en métal où vous devez mettre l'argent pour faire ouvrir la barrière. Je suis allé vers elle et je lui ai demandé si je pouvais l'aider. Elle pleurait et entre ses sanglots, elle m'a dit qu'elle venait de déposer ses deux dernières pièces de monnaie dans la boîte et que la barrière ne s'était pas relevée. De plus, elle devait se trouver à Loyola, où elle devait passer un examen final dans moins de dix minutes. J'ai fait ce que n'importe qui d'autre aurait fait. J'ai sorti deux pièces de monnaie de mes poches et les ai mises dans la fente de la boîte. Cette fois-ci, la barrière s'est levée. Puis je repris ma marche avec Lazarus. »

Le vieil homme faisait maintenant les cent pas dans la pièce.

«Nous n'étions pas bien loin lorsque j'ai entendu des pas pressés derrière moi. Je me suis retourné et j'ai vu la belle jeune femme se dirigeant vers moi, les yeux encore remplis de larmes, mais souriante. Avant que j'aie eu le temps de me rendre compte de ce qu'elle faisait, elle s'était mise sur la pointe des pieds, avait passé ses deux bras autour de mon cou pour m'attirer vers elle et m'avait embrassé sur les deux joues... c'était la première fois qu'une femme m'embrassait depuis ma femme. La jeune femme n'a rien dit... elle s'était contentée de son geste... puis elle a disparu. C'est cet incident banal qui a donné à ma vie un nouveau sens et une nouvelle direction, Monsieur Og. J'ai décidé de cesser de vivre caché dans mon petit appartement, de cesser de m'apitoyer sur ce que la vie m'avait donné et de commencer à donner un peu de moi-même aux autres, après toutes ces années de solitude. En fait, vous voyez, il s'agissait d'une décision très égoïste, car ce que j'ai ressenti au moment où cette belle fille m'a embrassé, était quelque chose que je n'avais pas ressenti depuis des années. C'était le sentiment que l'on a seulement quand on aide les autres, sans arrière-pensée de gain personnel. Et depuis ce jour, je suis un chiffonnier.»

J'étais épuisé. Toutes ces questions et réponses m'avaient vidé. Mais, il y avait une chose de plus que je devais savoir.

«Simon, vous avez mentionné que le prénom de votre fils était Éric. Quel était celui de votre épouse?»

«Monsieur Og, ma femme avait un prénom aussi doux que son âme... Lisha.»

Je ne pouvais plus que soupirer et murmurer: «Simon, passez-moi mon livre, s'il vous plaît.»

Le vieillard posa le livre sur mes genoux. J'ai tourné hâtivement les premières pages et me suis arrêté à la page 14. «Simon, regardez... ici. Au milieu de la page, à l'endroit que je vous indique... c'est le nom que j'ai donné à la femme d'Hafid, le plus grand vendeur du monde. Lisez-le!»

Un son, mi-sanglot, mi-cri d'angoisse s'est échappé des lèvres du vieil homme alors qu'il fixait la page du livre. Puis, il m'a regardé, refusant de croire, de grosses larmes s'échappant de ses yeux inoubliables.

«C'est impossible, c'est impossible!»

Il a pris le livre dans ses mains géantes, fixant la page intentionnellement. Finalement, il l'a porté à sa joue, le caressant doucement sur sa barbe et il a murmuré doucement, à plusieurs reprises: «Lisha... Lisha... Lisha.»

CHAPITRE QUATRE

Un mois s'est passé avant que je le revoie.

Le bureau était fermé depuis longtemps et j'étais seul dans mon bureau essayant de mettre à jour la correspondance qui s'était accumulée pendant mon absence. J'ai entendu le bruit de la porte extérieure du bureau qui s'ouvrait. La dernière personne qui était sortie avait négligé de verrouiller et les vols devenaient une façon comme une autre de vivre dans le quartier.

Puis Lazarus a fait son apparition sur le pas de ma porte avec toute une série de frétillements, remuant la queue, dressant et abaissant les oreilles, pleurant de ses yeux tristes, sortant la langue tirant sur la corde qui le retenait à son maître.

Le vieil homme m'a serré dans ses bras.

« Monsieur Og, ça me fait plaisir de vous revoir. Lazarus et moi, nous commencions à nous inquiéter à votre sujet. »

« J'étais parti pour un livre, Simon. Je pense que quelqu'un essaie de changer ma vie. »

« Pour le mieux ? »

« Je n'en suis pas certain. Peut-être saurez-vous me le dire. »

« Je savais que vous étiez absent, Monsieur Og. Chaque jour, je regardais par la fenêtre pour voir si j'apercevrais votre petite voiture brune. Pas de voiture... pas de Monsieur Og. Et voilà ce matin, elle y était. J'étais si heureux. Je voulais vous voir et en même temps, je ne voulais pas vous déranger. Il m'a fallu toute la journée pour trouver le courage de venir ici. »

« Je suis bien content que vous soyez venu. Mais je serais allé vous voir de toute façon pour vous donner les nouvelles concernant mon livre. »

« De bonnes nouvelles ? »

« Je ne suis pas encore certain que c'est à moi que ça arrive. »

Le vieil homme a secoué la tête et m'a tapé sur l'épaule avec fierté. Puis il a entraîné Lazarus jusqu'au portemanteau et l'a attaché par un noeud coulant à la tige. Le chien a placé son museau dans la moquette épaisse et a fermé les yeux.

« Vous avez l'air formidable Simon. Je ne vous ai jamais vu en costume et en cravate auparavant. »

Mon visiteur a passé timidement ses doigts effilés sur le revers de sa veste frippée et a haussé les épaules. « Je ne pouvais quand même pas rendre visite à un président de compagnie en ayant l'air d'un clochard, n'est-ce pas ! »

« Pourquoi pas ? J'imagine que vous les chiffonniers, travaillez sous toutes sortes de déguisements et que vous vous êtes infiltrés dans plus de couches de la société que le Service Secret des anges sans portefeuille. »

Le début d'un sourire s'est esquissé lorsque j'ai prononcé le mot « ange ». Puis, il s'est ressaisi et avec une grimace de travers, il m'a dit : « Seul un écrivain peut donner une description aussi poignante. Pourtant nous. les chiffonniers, demeurons peu nombreux. Nous assistons actuellement à une augmentation énorme de rebuts humains et nous ne sommes pas assez nombreux pour faire ce travail correctement. Je me demande si l'éditeur de votre magazine, W. Clement Stone est un chiffonnier.»

Nous nous sommes tous les deux tournés vers le portrait de mon directeur qui me regardait de façon chaleureuse, du mur où il se trouvait, à la droite de mon bureau. «Je crois qu'il en est un, Simon. Il m'a ramassé sur un tas de déchets, il y a seize ans, alors que j'étais fauché, seul et que je buvais plus que je n'aurais dû le faire. C'est curieux mais vous les chiffonniers, semblez observer une loi du secret en ce qui concerne toutes vos bonnes actions. Vu que je suis près de lui, j'en suis arrivé à connaître certaines des personnes que monsieur Stone a aidées et pourtant, pratiquement aucune de ses actions de Bon Samaritain n'ont été publiées.»

Simon a acquiescé. «C'est parce que nous, les chiffonniers, nous essayons de respecter le commandement de la Bible que Lloyd Douglas a popularisé dans son livre "Magnificent Obsession" (Magnifique Obsession).»

«Vous voulez dire faire le bien... et vous taire.»

Son rire a rempli mon bureau. «C'est exactement ce que je veux dire, bien que je n'aie encore jamais entendu quelqu'un l'exprimer de cette façon. Mais je crois que je préfère quand même le commandement original exprimé par Jésus et tel que Matthieu l'a écrit.»

«Simon, saviez-vous que lorsque ce livre "Magnificent Obsession" a été publié, les ventes de la

Bible ont grimpé de façon vertigineuse à travers le monde entier ? »

« Pourquoi Monsieur Og ? »

« Parce que tout le monde a commencé à rechercher le passage biblique qui formait le thème de ce livre et que Douglas, dans un éclair de génie, n'a jamais cité de façon bien spécifique. La recherche de ce passage était presque devenu le passe-temps favori dans notre pays ; cela a duré pendant plus d'un an et a rendu ce livre un best-seller. Et ceux qui trouvaient le commandement gardaient pour eux l'évangile, le chapitre et le verset tout comme s'il s'était agi d'un secret privilégié auquel on n'avait droit que si on le découvrait soi-même. »

« Nous pourrions reprendre ce jeu-là aujourd'hui Monsieur Og. »

« Oui, nous le pourrions. Connaissez-vous ce passage Simon ? »

Le vieillard a souri, s'est levé dans toute sa grandeur, m'a fait face et pointant son index dans ma direction... a commencé à m'en envoyer des extraits.

« Gardez-vous de faire l'aumône devant les hommes pour en être vus ; autrement, vous n'aurez point de récompense de votre Père qui est dans les cieux.

« Cependant lorsque tu fais l'aumône, ne sonne pas de la trompette devant toi comme font les hypocrites dans les synagogues et dans les rues, afin d'être glorifiés par les hommes. Je vous le dis en vérité, ils ont leur récompense.

« Mais quand tu fais l'aumône, ne laisse pas ta main gauche savoir ce que fait ta main droite ; que ton aumône se fasse en secret. Ton Père qui voit dans le secret, Lui-même te le rendra ouvertement. »

Je suis assuré que ce passage n'avait jamais été aussi bien déclamé... sauf il y a deux mille ans, sur cette montagne.

J'ai versé une tasse d'un café horrible à mon ami et nous entretenions une légère conversation pendant qu'il arpentait lentement mon bureau, la tasse à la main. Il s'est arrêté devant le mur où se trouvaient des photos autographiées et il a lu les noms à haute voix, sa voix s'élevant graduellement au fur et à mesure qu'il avançait dans sa lecture, comme pour signifier qu'il était impressionné. Ce vieux renard se moquait de moi et j'aimais cela.

«Rudy Vallee, Art Linkletter, John F. Kennedy, Charles Percy, Harland Sanders, Joey Bishop, Sénateur Harold Hughes, Frank Gifford, James Stewart, Robert Cummings, Robert Redford, Barbara Streisand, Ben Hogan, Norman Vincent Peale... ce sont-là vos amis?»

«Certains le sont... d'autres ont pensé exprimer leur reconnaissance pour un article que nous avons écrit sur eux, à un moment ou à un autre.»

«J'aime bien James Stewart. Tous ses films... ce sont de bons films. Vous le connaissez?»

«Je l'ai bien connu il y a plusieurs années. J'étais artilleur dans son groupe de B-24 pendant la Deuxième Guerre Mondiale.»

«Il était brave?»

«Très brave. Il terminait sa tournée de combat, longtemps avant que l'escorte protectrice qui devait protéger nos bombardiers n'arrive. Et en plus, il pouvait boire plus que n'importe qui d'entre nous.»

«Bon. Bon.»

Simon continuait à faire l'inventaire de mon bureau, le comparant probablement à celui qui fut le sien, il y a longtemps, à Damas. Une faible odeur de camphre s'échappait de son costume rayé, à la coupe sévère et pourtant, il le portait avec un style et une dignité tels que l'on n'avait aucun mal à se l'imaginer derrière un imposant bureau en acajou, donnant des conseils lorsque nécessaire et aussi donnant les reproches à celui qui se les méritait.

Finalement, il a posé sa tasse de café et dit : «Je ne peux attendre plus longtemps. Dites-moi donc quelle est cette bonne nouvelle, Monsieur Og.»

«Simon, vous m'avez porté chance, j'en suis certain. Sous cette façade de chiffonnier doit se cacher un lutin. Souvenez-vous de la dernière soirée que nous avons passée ensemble chez vous et au cours de laquelle nous avons découvert toutes ces coïncidences étranges entre le héros de mon livre et vous-même.»

«Comment pourrais-je l'oublier?»

«Alors, lorsque je suis arrivé chez moi, un message de mon éditeur, Frederick Fell m'attendait, me demandant de le rappeler. Il m'apprit qu'une importante maison d'édition de livres de poche voulait le rencontrer, en même temps que le vice-président, Charles Nurnberg et moi-même, le lundi suivant, pour discuter de l'achat possible des droits de réimpression de mon livre. Ce dimanche-là, je suis donc parti pour New-York.»

«Étiez-vous inquiet, nerveux?»

«Pas vraiment... du moins, pas ce soir-là. Mais le lendemain matin, à New-York, j'étais debout à six heures et je n'ai pas arrêté de fumer et j'ai dû boire une tonne de café en attendant notre rendez-vous cédulé à une heure de l'après-midi. Je suis quand même arrivé chez l'éditeur, sur la Cinquième Avenue, avec une heure d'avance. Alors... j'ai fait une chose que je n'avais pas faite depuis très très longtemps. Juste à côté, il y avait une église. Je ne me souviens même plus de son nom, mais elle était ouverte et j'y suis entré. »

« Et qu'avez-vous fait ? »

« J'ai prié. J'ai marché jusqu'à l'autel, je me suis agenouillé et j'ai prié. »

« Comment avez-vous prié ? »

« De la seule façon que je connaisse. Je n'ai rien demandé seulement que Dieu me guide et me donne le courage de faire face à ce qui allait se présenter. C'est drôle Simon, mais je pouvais presque entendre une voix qui demandait : « Où étiez-vous, Og ? » Puis, avant que je réalise ce qui se passait, je me suis retrouvé en train de pleurer... et j'étais incapable de m'arrêter. Heureusement, l'église était vide, mais je me sentais bête de toute façon. »

« Pourquoi avez-vous pleuré ? Le savez-vous ? »

« Je suppose que le fait de me retrouver dans cette église m'a fait penser à tous les dimanches au cours desquels j'étais allé à la messe avec ma mère, quand j'étais jeune. Mon monde s'est brutalement arrêté le jour où elle est morte d'une crise cardiaque alors que je venais de graduer au secondaire. Elle représentait quelque chose de spécial. Elle avait réussi à me convaincre que j'allais devenir écrivain, alors que je n'étais encore qu'au primaire. Je me souviens encore de la façon dont elle revisait mes compositions et tous les autres travaux exigeant un effort de rédaction. Nous nous entendions tellement bien qu'elle pouvait critiquer mon travail de façon constructive et j'acceptais ses critiques. Je prenais la résolution de faire mieux la prochaine fois. Elle a été tellement fière lorsque je suis devenu éditeur des articles de notre journal d'école secondaire que pour elle, c'était comme si j'avais été engagé par le *New York Times*. Elle voulait que j'aille au collège, mais au cours des années quarante, on avait vraiment du mal à survivre. Puis elle est morte... et je suis entré dans les forces armées. »

« Vous n'êtes jamais allé au collège Monsieur Og ? »

« Non. »

Le vieil homme a parcouru encore une fois mon bureau du regard et a hoché la tête. « C'est étonnant. Que s'est-il passé d'autre dans cette église ? »

« Rien d'autre. J'ai finalement réussi à me contrôler et ce fut l'heure du rendez-vous, alors je suis sorti, j'ai traversé la rue et j'ai pénétré dans le hall d'entrée de la maison d'édition. Lorsque je suis sorti de l'ascenseur, au vingt-sixième étage, je me suis retrouvé en train de marcher dans ce corridor sans fin, entouré des affiches géantes représentant quelques-uns des plus grands écrivains du monde, publiés par cette maison. Et la seule chose à laquelle je pouvais penser, c'était : « Maman, ça y est, nous y sommes arrivés. Nous sommes ici, avec les plus grands. »

« Et votre réunion avec les directeurs de la maison d'édition ? »

« Fantastique ! Une grande table de conférence, une grande pièce, de nombreux noms, de nombreux visages. Tel qu'ils nous l'ont dit par la suite, ils avaient déjà décidé d'acquérir les droits de réimpression en livre de poche. La seule chose qu'ils voulaient savoir, c'est s'ils pouvaient me vendre en même temps que le livre. »

« Balzac, Dickens, Tolstoï... ils auraient échoué ce test. »

« Vous avez probablement raison. De toute façon, je leur ai parlé pendant dix minutes environ, je leur ai raconté comment j'en suis venu à écrire ce livre et je suppose que je leur ai fait bonne impression. »

Le vieil homme revivait maintenant chacune des minutes de mon expérience. Il s'est penché très excité, les deux mains dans ma direction, me faisant signe de continuer.

« Finalement, le président s'est tourné vers mon éditeur Fred Fell et lui a demandé ce qu'il voulait pour les droits de réimpression. Monsieur Fell a répondu qu'on voulait un dollar pour chacun des exemplaires cartonnés que nous avions déjà vendus... et nous avions, à ce moment-là, déjà vendu trois cent cinquante mille exemplaires. Il y a eu un certain étonnement autour de la table et le président a rétorqué qu'il ne s'attendait pas à un prix aussi élevé. Puis il s'est excusé, a fait signe à l'un de ses vice-présidents et est sorti de la pièce. Ils n'ont dû s'absenter que quelques minutes, mais Simon, cela m'a semblé durer une année. Lorsqu'ils sont revenus le président s'est dirigé vers monsieur Fell, lui a tendu la main. Et voilà, ça y était !

« Aussi simplement que ça ? »
« Oui. »

«Ils vous paient trois cent cinquante mille dollars ?»

«Oui.»

«Monsieur Og, vous êtes très riche!»

«Pas aussi riche que vous le pensez. Monsieur Fell en prélève la moitié et nous devons ensuite en donner une certaine part à l'état.»

«Mais Monsieur Og, vous avez déjà gagné une somme considérable d'argent en droits d'auteur sur tous les exemplaires cartonnés que vous avez déjà vendus, n'est-ce pas?»

«Oui.»

«Saviez-vous que F. Scott Fitzgerald, trois ans après que *Gatsby le magnifique* a été publié n'avait reçu que cinq dollars et cinquante cents de droits d'auteur et que quand il est mort, ce merveilleux livre n'avait pas été réédité?»

«Non, je ne le savais pas, Simon. Mais ne vous méprenez pas. Je ne suis pas ingrat. J'ai du mal à croire que tout cela est en train de m'arriver à moi. C'est peut-être cette prière à l'église.»

«C'était peut-être aussi les prières de votre mère, mon ami. Maintenant, où étiez-vous le reste du mois?»

«Vu que l'édition en livre de poche ne sortira pas avant le printemps prochain, Fell a décidé de faire la promotion de l'édition cartonnée au cours de l'été et de l'automne; alors j'ai accepté de passer à la radio, à la télévision et de répondre aux questions des journalistes pendant trois semaines... Je suis allé dans quatorze villes, j'ai été interviewé plus de quatre-vingt-dix fois... et je commence à aimer ça... même les sessions de signature d'autographes dans les librairies.»

«Je suis très fier et très heureux pour vous Monsieur Og.»

Nous sommes restés assis pendant un moment, deux camarades, partageant une victoire. Nous avons parlé encore un peu avant que je trouve le courage de demander : «Simon, avez-vous eu le temps de lire mon livre ?»

«Bien sûr. Le soir même où vous me l'avez laissé. Il est magnifique. La maison d'édition des livres de poche va en vendre des millions d'exemplaires. Le monde a besoin de votre livre Monsieur Og.»

Cela me suffisait. Ils pouvaient garder toutes les critiques délirantes que j'avais conservées. Simon s'est levé et m'a dit : «Venez. Nous devons fêter. Un sherry pour votre chance.»

Je le suivis.

Après nous être assis dans nos chaises habituelles et que Simon ait versé le sherry, nous avons repris notre conversation. «Monsieur Og, les similitudes étranges entre votre plus grand vendeur et ma propre vie m'ont entraîné dans plusieurs nuits d'insomnie. Et les probabilités, après toutes les autres coïncidences, que la femme d'Hafid et la mienne portent toutes les deux le prénom de Lisha dépassent certainement les capacités de calcul de n'importe quel ordinateur.»

«Simon, j'ai essayé de ne plus y penser. Je pense que les personnes qui s'intéressent à la parapsychologie appellent cela la préconnaissance. Ou peut-être pas. J'ai écrit ce livre avant de vous connaître mais vous avez vécu ces événements avant que j'écrive mon livre. Je ne sais pas comment ils appelleraient cela, mais c'est quand même apeurant quand j'y pense. Croyez-vous qu'il ne s'agisse que d'une coïncidence, une chance ?»

Le vieil homme a soupiré et a secoué la tête. « Coleridge a écrit que la chance n'est que le pseudonyme donné à Dieu dans ces cas particuliers où Il décide de ne pas apposer ouvertement Sa propre signature. »

« Cela me plaît. Et s'il s'agit de l'un des secrets de Dieu, il n'y a pas grand-chose que nous puissions faire... alors je ne vais pas insister. Je n'en ai même pas parlé à quelqu'un d'autre. Qui me croirait ? »

« Nous avons tous les deux la chance de nous avoir l'un l'autre Monsieur Og. »

Nous avons bu notre sherry calmement, dans une paix que ne peuvent connaître que deux personnes véritablement liées l'une à l'autre, un calme que ni l'un ni l'autre n'éprouvait le besoin de briser par des mots visant à exprimer l'amitié. Je ne savais pas à quoi pensait Simon, mais j'essayais de rassembler assez de courage pour lui faire une suggestion, une idée à laquelle j'avais pensée alors que je revenais de ma réunion de New York, où j'avais rencontré les éditeurs des livres de poche.

L'une des choses que j'avais eu l'occasion d'apprendre à New York, c'est qu'avec un peu d'inspiration et beaucoup de travail, on avait de bonnes chances d'arriver. Qu'il s'agisse d'une condition actuelle du pays ou d'un cycle de publication, toutes les maisons d'édition semblaient être à la recherche d'un nouveau "Wake up and Live", (Réveillez-vous et vivez) ou d'un "The Power of Positive Thinking" (La puissance de la pensée positive) ou d'un "How to Win Friends and Influence People» (Comment se faire des amis). Chaque fois que tout va bien dans notre pays, il semble que les livres parlant de pensées positives se vendent les mieux et c'est ce que recherchent les éditeurs. Je pensais que Simon était un «vrai». Alors je me suis décidé :

«Simon, combien de personnes pensez-vous avoir aidées, depuis que vous êtes chiffonnier?»

Il n'eut aucune hésitation. «Au cours des treize dernières années... cent.»

«Exactement?»

«Oui.»

«Comment le savez-vous? Avez-vous gardé un journal ou quelque chose?»

«Non. Lorsque j'ai commencé, mes intentions étaient bonnes, mais les méthodes que j'ai utilisées pour essayer d'aider étaient faites d'essais et d'erreurs... surtout d'erreurs. J'ai peur d'avoir fait plus de mal que de bien aux cas que j'ai découverts à mes débuts, car je les ai en partie ramenés de chez les morts-vivants mais, par ignorance, je les ai laissés retomber dans cet état. Vous voyez, j'essayais de traiter chacune des personnes différemment, selon sa personnalité. Ce n'est que peu à peu que j'ai réalisé qu'étant tous différents, uniques à notre façon, notre manque de respect personnel qui engendre notre échec est une maladie universelle découlant toujours d'un complexe soit d'anxiété, de culpabilité ou d'infériorité... les trois problèmes d'ordre émotionnel reconnus par la plupart des étudiants en psychiatrie. N'étant pas instruit dans ce domaine, j'ai dû apprendre de dure façon... dans les rues avec les déchets et ensuite dans mes livres.»

«Et lorsque vous avez découvert ce dénominateur commun, vous avez fait quelque chose pour normaliser votre système d'aide?»

«Oui. L'homme a essayé de résoudre le défi de son respect qui lui échappait et ce, depuis qu'il a appris à marcher et les sages écrivent sur le sujet de cette maladie et de son remède depuis des millénaires... chacun nous donnait des solutions similaires qu'évidemment, nous continuons d'ignorer. Lorsque cette vérité m'est devenue évidente, j'ai passé plusieurs mois dans cet appartement, en compagnie de mes livres, essayant d'extraire et de distiller les véritables secrets de la réussite et du bonheur, de les exprimer en mots aussi simples que les vérités qui en parlaient... tellement simples que la plupart des individus cherchant les réponses à leurs problèmes ne les reconnaîtraient même pas et seraient encore moins disposés à payer le prix pour suivre des règles aussi peu compliquées, afin de mener une vie faite de bonheur et de réussite.»

«Combien de règles y a-t-il?»

«Il y en a seulement quatre... et après des mois de travail et des montagnes de notes, les quelques pages contenant l'essence des plus simples secrets de la réussite semblaient à peine valoir toutes les recherches que j'ai faites. Puis je me suis souvenu qu'il fallait des tonnes de pierres pour obtenir une once d'or. Alors j'ai décidé de faire bénéficier les autres de mes découvertes et de les utiliser à ma manière... et elles n'ont jamais échoué.»

«Tout cela, vous l'avez par écrit, en ce moment?»

«Lorsque j'ai eu terminé tout mon travail par écrit, je l'ai apporté chez un imprimeur situé sur Broadway. Ils l'ont tout dactylographié dans un format que je leur ai indiqué et ont utilisé cet exemplaire pour en reproduire cent copies. Puis j'ai numéroté chaque exemplaire de un à cent.»

«Comment avez-vous distribué ces livrets? Vous ne vous êtes quand même pas tout simplement contenté d'en remettre un exemplaire à chacune des brebis égarées que vous avez rencontrées?»

«Oh! non. L'homme habituellement ne se jette pas dans les rangs des déchets humains tant qu'il n'en arrive pas à la conclusion que personne au monde ne s'intéresse à lui. Lorsque je découvre quelqu'un qui a besoin d'aide, j'essaie d'abord de le, ou de la convaincre qu'il y en a au moins deux qui s'intéressent à lui ou à elle: Dieu et moi. Un au ciel... l'autre sur terre.»

«Et puis, que se passe-t-il?»

«Lorsque j'ai réussi à les convaincre que l'on s'intéresse vraiment à eux et qu'on veut vraiment les aider, quand je sais qu'ils ont confiance en moi, je leur dis que je vais leur remettre un document très spécial, qui contient un message de Dieu. Je leur dis que tout ce que je leur demande, c'est de consacrer vingt minutes par jour à la lecture de ce message venant de Dieu... juste avant d'aller se coucher. Et ceci pendant cent soirées consécutives. En échange de ces quelques minutes quotidiennes, un bien faible prix à payer, surtout pour ceux dont le temps n'a plus une grande valeur, ils apprendront à se sortir de leur marasme et à accomplir le plus grand miracle du monde. Ils se ressusciteront eux-mêmes des morts-vivants un jour, ils obtiendront les véritables richesses de la vie, auxquelles ils ont déjà rêvé. En d'autres mots, le message venant de Dieu, absorbé jour après jour au plus profond de leur subconscient, qui ne dort jamais, leur permet de devenir leur propre chiffonnier. S'aider soi-même, il n'y a rien de tel!»

«Un message de Dieu. Cela ne les effraie-t-il pas? Surtout que, tel que nous l'imaginons, vous ressemblez physiquement à Dieu et que votre voix semble également venir d'un autre monde, votre barbe, votre silhouette, vos manières, votre grandeur et votre voix...»

«Monsieur Og, vous êtes déjà en train d'oublier un fait. J'aide tous ces gens à sortir de leur propre enfer vivant. Moralement, ils ont déjà déserté la vie. Ils sont sûrs qu'ils ne peuvent plus rien faire pour eux-mêmes, ils sont donc prêts à saisir toute main qui se tendra pour les aider. C'est la main de l'espoir.»

«Espoir?»

«Oui. Connaissez-vous cette histoire sur ce célèbre fabricant de parfums à qui l'on demandait, lors du dîner donné en l'honneur de sa retraite, d'expliquer le secret de sa réussite? Il a rappelé aux invités que sa réussite ne lui était pas venue à cause des odeurs spéciales de ses parfums, ni à cause de leur présentation ou des méthodes de mise en marché qu'il avait si bien su utiliser. Il avait réussi parce qu'il était le seul fabricant de parfums qui s'était rendu compte que ce qu'il vendait aux femmes, ce n'était pas une odeur exotique, le charme ou un magnétisme sexuel. Ce qu'il leur vendait, c'était... l'espoir!»

«C'est merveilleux. Mais revenons au message de Dieu...»

«En fait, Monsieur Og, lorsque je leur remets le document, ils s'aperçoivent qu'il ne s'agit pas seulement d'un message... c'est un Mémorandum venant de Dieu. J'ai fait dactylographier et imprimer le document sous la forme d'un mémo général de bureau. »

Je me suis mis à rire. « Un Mémorandum venant de Dieu ? Simon... ! »

« Pourquoi pas ? Il y a très longtemps, Dieu a communiqué avec nous en gravant les Dix Commandements sur deux tablettes qu'Il a remises à Moïse, sur le mont Sinaï. Plus tard, Il a inscrit un avertissement sur le mur du palais du roi Balthazar. Comment ferait-Il pour communiquer avec nous aujourd'hui, s'Il décidait de le faire par écrit ? Quelle est la forme de communication écrite la plus moderne ? »

« Les mémos ? »

« Exactement. Ils sont concis, se présentent sous une forme universelle, sont pratiques et on les trouve dans pratiquement tous les pays du monde. Notre pays fonctionne par mémos... ou peut-être en dépit d'eux. Combien de travailleurs commencent leur journée en lisant des directives qu'ils reçoivent sous forme de mémos envoyés par leurs supérieurs, de mémos épinglés sur des tableaux... placés sur des bureaux... à la fin des chaînes de montage... dans l'armée... et distribués de personne en personne, dans des millions de bureaux ? Un mémo, c'est ce qu'il y a de plus adapté à notre génération... et y a-t-il un meilleur format, dans notre monde pressé, que celui-ci, pour donner à ceux qui ont besoin d'aide les quatre secrets du bonheur et de la réussite ? »

Ce qu'il venait de me dire me démonta tellement que j'en avais presque oublié la raison qui m'avait poussé à amener le sujet. Comme à moi-même, j'ai murmuré : « Un mémo venant de Dieu ? »

Simon m'a entendu et m'a montré sa pile de livres. « Pourquoi pas ? Vous m'avez entendu à plusieurs reprises vous exposer ma théorie, à savoir que Dieu est impliqué dans la rédaction d'un grand nombre de livres. Je n'ai fait qu'en distiller l'essence, éliminer les intermédiaires et rédiger un message venant directement de Dieu. »

« Mon cher ami, je ne suis certainement pas un expert en la matière, mais n'est-ce pas là quelque chose que plusieurs personnes pourraient qualifier de blasphème ? »

Le vieil homme secoua la tête de cet air condescendant que prennent les adultes lorsqu'ils essaient d'expliquer quelque chose de très simple à un enfant qui ne comprend pas ce qui semble si simple à l'adulte. « Pourquoi serait-ce un blasphème ? Le blasphème implique que l'on traite des sujets relatifs à Dieu de façon moqueuse ou profane. Ce que j'ai fait, je l'ai fait avec amour et respect et je ne cherchais aucun gain personnel. Et en plus... les résultats ont été positifs ! »

« Comment est-ce que cela fonctionne Simon ? Vous n'allez quand même pas me dire que simplement en lisant un mémo pendant vingt minutes, qu'il soit de Dieu ou de n'importe qui d'autre, une personne peut changer radicalement sa vie pour le meilleur. La lecture de quoi que ce soit peut-elle influencer à ce point quelqu'un... en bien ou en mal ? J'ai lu récemment un rapport rédigé par une commission d'enquête sur le crime dont l'un des membres avait dit qu'il n'existait aucune relation directe entre la pornographie et le crime, et qu'il n'avait encore jamais eu connaissance de cas de grossesse ou de maladie vénérienne dus à la lecture de livres pornographiques. »

«Monsieur Og, l'individu qui a fait cette remarque doit être vraiment stupide. Souvenez-vous de ce que je vous ai dit sur les pensées qu'un homme entretient et comment elles affectent ses actions et sa vie. Je suis d'accord que lire un message de vingt minutes une seule fois, ne fera que peu de bien. Mais relire ce même message, chaque soir, avant de vous endormir, ouvre plusieurs passages cachés de votre esprit... et pendant la nuit, ces idées s'infiltrent dans toutes les parties de votre être. Le lendemain, lorsque vous vous réveillez, inconsciemment, vous commencez à réagir, presque imperceptiblement au début, au message gravé dans votre esprit la veille. Lentement, jour après jour, vous changez... alors que le message se transforme de mots et idées en actions et réactions de votre part. Il ne peut échouer en autant que vous lisez et gravez ce message dans votre esprit chaque soir.»

«Mais Simon, nous avons eu les Dix Commandements pendant des milliers d'années et pourtant, regardez le marasme dans lequel le monde se trouve aujourd'hui.»

«Monsieur Og, ne blâmez pas les Commandements. Combien de personnes les lisent? Combien les connaissent? Pouvez-vous par exemple me les réciter tous les dix?»

J'ai hoché la tête et j'avais déjà presque abandonné mon idée première qui avait motivé cette conversation. Pourtant, j'ai essayé encore. «Simon, vous avez mentionné que vous avez aidé cent personnes. Vous avez également dit que lorsque vous avez fait imprimer le "Mémorandum de Dieu" vous en avez commandé cent exemplaires et que vous les avez numérotés. Voulez-vous dire par là qu'il ne vous reste plus de copies ? »

« Oui, à l'exception de l'original à partir duquel les autres ont été imprimés. »

« Allez-vous en faire imprimer d'autres ? »

« Monsieur Og, je suis vieux et mes jours sur cette terre sont comptés et comme je vous l'ai déjà dit, nous ne sommes pas assez de chiffonniers. Il est temps que je fasse l'effort suprême de me multiplier de sorte que mon travail puisse se poursuivre, quand je n'y serai plus. »

« Comment, Simon ? »

« J'aimerais vous faire une proposition. J'aimerais que l'original du "Mémorandum de Dieu" suive ce qui est très certainement sa destinée... prévue depuis longtemps. »

« Comment ? »

« À la fin de votre livre, on voit le plus grand vendeur du monde, un vieillard aussi âgé que moi, faire don de ses dix rouleaux de réussite à une personne très particulière. Ne pensez-vous pas qu'après toutes les ressemblances étranges entre le héros de votre livre et moi-même, il pourrait y avoir une coïncidence de plus... la coïncidence ultime ? »

« Je suis désolé... je ne vous suis pas Simon. »

« Si vous le voulez bien, si vous acceptez... j'aimerais faire don de l'original du "Mémorandum de Dieu" à une personne très particulière... vous ! Si vous êtes d'accord, si vous devenez persuadé qu'il peut aider les autres comme je vous l'assure qu'il le peut, vous avez ma permission de l'inclure dans l'un de vos prochains livres, si vous le voulez, et alors il se répandra dans le monde et profitera à des milliers —

peut-être des millions de gens. Comment un vieux chiffonnier peut-il espérer se multiplier mieux que cela ? »

Avait-il lu dans mes pensées ? Ou s'agissait-il d'une autre coïncidence impossible, qu'il m'offre ses écrits en une journée comme celle-là, alors que justement j'avais l'intention de les lui demander ?

« Je ne sais pas quoi dire Simon. Je suis flatté que vous me considériez comme votre instrument de transmission. »

« Vous êtes la personne idéale. Mais ne prenez pas de décision hâtive. Dormez sur mon offre pendant plusieurs nuits. Nous avons le temps. Et bien sûr, si vous acceptez le "Mémorandum de Dieu" je dois vous demander une rétribution en échange de mon travail comme le ferait tout écrivain qui se respecte. »

« Rétribution ? D'accord. »

« Non, non, vous ne comprenez pas. Je ne parle pas d'argent. Si le "Mémorandum de Dieu" vous est remis, il est nécessaire que premièrement vous me promettiez de vous en servir personnellement, tel que je vous l'ai expliqué, avant de le présenter au monde. Vous êtes une personne merveilleuse et sensible Monsieur Og. Mais il y a quelque chose dans votre regard qui m'indique que vous n'avez pas encore trouvé la paix, la satisfaction ou l'accomplissement malgré tout le succès que vous remportez. Le monde vous loue et cependant, vous ne vous louez pas. Je retrouve dans votre comportement ce désespoir tranquille qui m'est maintenant familier. Quelque chose est défait en vous et j'ai bien peur que tôt ou tard, vous n'explosiez, à moins que vous ne repensiez votre monde. Si vous explosez, ils vous entasseront sur le tas des déchets humains et ce pauvre vieux chiffonnier ne sera plus là pour vous secourir. Cela ne doit pas se produire. Mieux vaut prévenir que guérir. C'est pourquoi, lorsque vous recevrez le "Mémorandum de Dieu", vous devrez d'abord l'utiliser pour y puiser la force et la lumière qui vous guideront dans votre recherche personnelle du bonheur et de la paix intérieure. Alors et seulement à ce moment-là, pourrez-vous le transmettre à d'autres qui seront prêts... à ceux qui ont des yeux pour voir et des oreilles pour entendre... et la volonté de s'aider eux-mêmes. »

«Très bien, Simon... »

«Monsieur Og, vous avez un potentiel énorme. Vous êtes un talent rare. Vous ne devez pas être gaspillé. Je vais y veiller. »

«Simon, vos paroles me font sentir très humble, très petit. »

«Vous êtes loin d'être petit, mon cher ami. Regardez! Regardez où j'ai placé votre livre! »

Je me suis retourné et j'ai regardé là où il m'indiquait, vers la plus haute pile de livres écrits par la "main de Dieu".

Et là, sur le dessus de la pile, il y avait mon livre!

CHAPITRE CINQ

Tout au long de l'été et de l'automne, nous n'avons plus reparlé du "Mémorandum de Dieu", tandis que notre amitié se transformait graduellement en quelque chose d'encore plus fort. Les visites que je faisais à Simon pratiquement tous les soirs, puis bientôt, pendant l'heure du déjeuner, représentaient les moments heureux de ma semaine. Le simple appartement où vivait Simon est vite devenu un oasis de paix, coupant les longues journées de travail et les fins de semaine paraissaient ne jamais devoir finir loin de lui. Pourtant, pour des raisons que je ne m'explique toujours pas, je n'ai jamais parlé de lui à ma famille ou à quiconque à Success Unlimited.

Simon est devenu mon père adoptif, mon professeur, mon conseiller en affaires, mon camarade, mon prêtre, mon ministre, mon gourou... mon oracle de Delphes. J'ai annulé des invitations d'affaires et je me suis échappé de réunions sociales pour passer mon temps avec lui et je commençais, littéralement, à m'asseoir à ses pieds pour l'entendre donner ses conférences sur à peu près tous les sujets, à une audience se limitant à une personne, moi.

Faisant preuve d'une connaissance et d'une expérience incommensurables, il me parlait, pendant des périodes qui me paraissaient toujours trop brèves, de l'amour, de politique, de religion, de littérature, de psychiatrie, de la nature et même de choses plus exotiques comme la parapsychologie, l'astrologie et l'exorcisme. De temps en temps, je le stimulais en lui posant une question ou en disant quelque chose visant à le faire parler encore un peu ou à l'aiguillonner vers un nouveau sujet sur lequel je voulais avoir son opinion. La profondeur de ses connaissances, surtout en philosophie et sur le comportement humain, n'a jamais cessé de m'étonner.

Une fois, il s'est interrompu alors qu'il condamnait violemment cette attitude de suffisance, de manque de fierté et les standards de médiocrité qui étaient devenus, il en était convaincu, le mode de vie de notre monde, pour me demander si je me rendais compte qu'en l'écoutant, j'étais en train de suivre un cours pour devenir chiffonnier... tout comme d'autres pouvaient suivre des cours pour devenir médecin ou avocat. Puis il s'est hâté de me prouver qu'il était satisfait de ma présence en me répétant que ceux qui éventuellement devenaient les meilleurs chiffonniers étaient les individus, qui, comme moi, avaient fait un certain temps parmi les déchets et avaient tourné le dos à leur propre cimetière pour se remettre à vivre.

Pendant cinq mois, j'ai suivi des cours à la meilleure université du pays.

Le professeur était Simon Potter.

J'ai écouté... et j'ai appris... alors qu'il me présentait brillamment ses personnages favoris, des vivants et des morts, au moyen d'anecdotes peu connues mais fascinantes et de citations qui l'aidaient à mettre en valeur le thème qui lui tenait le plus à coeur... à savoir que nous avions tous la possibilité de modifier nos vies pour le meilleur... et que Dieu n'avait jamais placé qui que ce soit dans un trou duquel nous ne pouvions pas grandir. Et, si nous nous sommes nous-mêmes enfermés dans une prison de pitié et d'échec, nous en sommes les geôliers... et nous avons l'unique clé menant à la liberté.

Il me parlait de notre peur de prendre des risques, de nous aventurer dans des entreprises et des territoires inconnus et que même ceux qui risquaient leur avenir afin d'avancer trouvaient nécessaire de constamment combattre ce besoin énorme de retourner vers une sécurité matérielle, peu importe ce qu'avait été leur existence précédente. Simon m'a fait remarquer qu'Abraham Maslow, l'un des plus grands psychologues en Amérique avait appelé le désir inné de se mettre à l'abri de toute possibilité d'échec, le complexe de Jonas.

Il croyait fermement à l'esprit de décision et avait la conviction que nous devions brûler tous les ponts derrière nous afin de réussir et il me raconta comment, un jour, Alexandre le Grand avait contrôlé une telle situation. Il semble que le grand général était sur le point de mener son armée contre un adversaire puissant dont le nombre de soldats était supérieur au sien. Étant donné le peu de chances en sa faveur, son armée faisait preuve de peu d'enthousiasme pour la bataille qui s'annonçait car les soldats étaient persuadés que c'était là leur dernière. Quand tous les hommes d'Alexandre et leur équipement ont été finalement débarqués sur les rivages ennemis, il a donné l'ordre de brûler tous les bateaux. Alors que leurs moyens de retraite coulaient lentement en flammes derrière eux, Alexandre s'est levé et s'est adressé à ses hommes: «Vous voyez vos navires s'envoler en fumée et leurs cendres flotter sur la mer? Voilà notre assurance que nous devrons gagner car aucun de nous ne peut quitter cette terre méprisable à moins de remporter la bataille. Lorsque nous retournerons chez nous, ce sera à bord de leurs navires!»

Simon ne pensait pas que l'on devait continuer à travailler dans une profession qui nous rendait malheureux ou misérable. Il a cité Faulkner pour renforcer ses paroles, essayant d'imiter l'accent traînant sudiste du grand écrivain: «L'une des choses les plus tristes de la vie, c'est que la seule chose que nous puissions faire pendant huit heures par jour, jour après jour, c'est de travailler. Nous ne pouvons pas manger pendant huit heures pas plus que nous ne pouvons boire pendant huit heures, ni faire l'amour pendant huit heures; tout ce que nous pouvons faire, pendant huit heures, c'est de travailler. C'est la raison pour laquelle l'homme se rend si malheureux et rend tous les autres si misérables.» Puis, pour résumer ce cours-là en particulier, il a répété ce qui était important, à savoir qu'un emploi qui rend son détenteur malheureux doit être abandonné. «Ce n'est pas vrai Monsieur Og, que pierre qui roule n'amasse pas mousse. Une pierre qui roule peut amasser de la mousse et bien d'autres choses.»

Il a mentionné Mark Twain pour illustrer sa théorie selon laquelle on attache trop d'importance à l'expérience. Je pouvais presque m'imaginer le vieux Samuel L. Clemens dans son costume blanc froissé, dire: «Nous devrions prendre la précaution de retirer d'une expérience toute la sagesse qui s'y trouve... et ne pas faire comme ce chat qui s'est installé sur le dessus d'un poêle chaud. Il ne s'installera plus jamais sur un dessus de poêle chaud et c'est très bien... mais il ne s'installera plus jamais également sur le dessus d'un poêle froid.» Il éprouvait peu de sympathie pour ceux qui blâmaient leur mauvais sort ou pauvre fortune sur un handicap soit physique ou d'environnement. Il m'a parlé de la cécité de Milton, de la surdité de Beethoven, de la polio de Roosevelt, de la pauvreté de Lincoln. Il m'a également parlé du mariage tragique de Tchaïkovsky, de la terrible pauvreté des années de jeunesse d'Isaac Hayes, de la cécité et de la surdité d'Helen Keller et même de l'ascension d'Archie Moore pour se sortir du ghetto. Il a revécu pour moi les heures de John Bunyon qui a écrit *Pilgrim's Progress* alors qu'il était en prison, de Charles Dickens qui collait des étiquettes sur des pots, de Robert Burns et Ulysses S. Grant combattant l'enfer de l'alcoolisme et de Benjamin Franklin qui a quitté l'école à l'âge de dix ans.

Puis je me suis retrouvé en compagnie d'Eddie Rickenbacker, à qui l'on demandait, après qu'il ait été sauvé, quelle était la plus grande leçon qu'il avait apprise alors qu'il dérivait avec ses compagnons pendant vingt et un jours à bord de canots de sauvetage, perdus en plein Pacifique, durant la Deuxième Guerre Mondiale. Rickenbacker avait répondu : «La plus grande leçon que j'en ai tirée, c'est que lorsque vous avez toute l'eau douce que vous pouvez boire et toute la nourriture que vous désirez manger, vous ne devriez jamais vous plaindre de rien.» Le point de vue de Simon était qu'une personne qui avait déjà vécu une mauvaise situation en retirait plus d'avantages que d'inconvénients... et il me raconta une petite histoire. Il semble qu'un cerf très beau admirait ses cornes mais détestait ses affreux sabots. Mais un jour, un chasseur est arrivé et ce sont les affreux sabots du cerf qui lui ont permis de s'enfuir et de se mettre à l'abri. Un peu plus tard, ses cornes magnifiques se sont prises dans les buissons et avant qu'il puisse s'échapper, il fut tué.

Plus tard, Simon m'a regardé et il m'a dit : «Monsieur Og, lorsque vous commencez à vous apitoyer sur votre sort, pensez à ce couplet : J'avais envie de pleurer... parce que je n'avais pas de souliers... jusqu'à ce que dans la rue... je rencontre un homme qui n'avait pas de pieds.»

Il définissait toujours les mots abstraits par des analogies très colorées. Une fois, je lui ai demandé de me définir l'amour et il me dit : «Il y a quelques années, à la course d'Indianapolis, un excellent pilote nommé Al Unser a dérapé et est rentré dans le mur. Il gisait effondré dans sa voiture en flammes depuis quelques secondes lorsqu'une autre voiture de course s'est arrêtée auprès de la voiture accidentée. Alors que les autres voitures passaient à un train d'enfer, certaines frôlant dangereusement la dernière qui venait de s'arrêter, un jeune homme du nom de Gary Bettenhausen est sorti de son véhicule avec peine pour se diriger vers celui d'Unser et il s'est mis en devoir d'extirper ce dernier du bolide en flammes. Bettenhausen s'était complètement sorti de l'esprit qu'il était en train de participer à une course pour laquelle il avait dépensé une fortune et passé des mois à se préparer.» Pour Simon, cet acte était celui de l'amour.

Simon avait un autre favori dans le domaine de l'automobile et c'était Stirling Moss. Après avoir cité l'axiome de Thoreau selon lequel les hommes sont nés pour réussir et non pas pour échouer, le vieil homme imitait à merveille l'accent britannique de Moss pour faire le point que l'homme pourrait réaliser pratiquement n'importe quoi à condition de bien vouloir en payer le prix. Et il a répété la phrase favorite de Moss : « On m'a toujours enseigné que l'on peut atteindre n'importe quel but à condition d'être prêt à payer le prix et à faire des sacrifices pour l'obtenir. Peu importe ce que vous voulez faire, vous pouvez y arriver à condition de le vouloir à tout prix... et j'y crois. Je crois que si je voulais courir un kilomètre et demi en quatre minutes, j'y arriverais. Mais il faudrait que je laisse tomber absolument tout le reste et je réussirais à courir un kilomètre et demi en quatre minutes. Je crois que si un homme voulait marcher sur l'eau et était prêt à abandonner tout le reste, il y parviendrait. »

Simon répétait sans arrêt que la plupart des humains abandonnent trop tôt dans la vie. « Monsieur Og, à Sonome, en Californie, il y a une merveilleuse école de pilotage destinée à ceux qui veulent faire de la course automobile ou qui désirent apprendre à fond l'art de conduire. C'est, je crois, l'école Bob Bondurant. Leurs instructeurs disent que la plupart des conducteurs parcourant les routes de notre pays abandonnent leur voiture trop rapidement lorsqu'ils voient l'accident venir. Ils regardent la collision se produire sans essayer de sauver le véhicule ou eux-mêmes en donnant le coup de volant ou de frein requis qui aurait pu diminuer l'intensité du choc au moment de l'impact. Ils abandonnent... et ils paient pour cela. Comme le font d'ailleurs la plupart des êtres humains dans leurs activités de tous les jours.» Puis il s'est levé, a froncé les sourcils, a levé deux doigts en signe de V et a répété ce que Winston Churchill prétendait être le plus grand secret de la réussite et qui ne contenait que six mots.

«Ne jamais, jamais, jamais, jamais abandonner!»

Bien que ses discussions se soient souvent éloignées du sujet, elles en revenaient toujours à sa principale préoccupation concernant le manque croissant d'amour-propre de l'homme et de ce qui en résultait, des morts-vivants. Ce qui le frustrait le plus, était ces morts-vivants qui finalement se suicidaient et qui représentaient des vies qu'il n'avait pu sauver tout simplement parce que, comme il le disait, il ne pouvait pas être partout à la fois, et qu'il ne semblait pas y avoir assez de chiffonniers pour aller aider.

«Monsieur Og, jetez un coup d'oeil sur votre montre. Souvenez-vous de l'heure qu'elle indique et de ce que je vais vous dire. D'ici à demain soir, à la même heure, plus de neuf cent cinquante individus auront essayé de se suicider dans ce pays! Pensez-y bien! Et ce n'est pas tout. Plus de cent vont réussir!»

Tout en donnant des coups de poing sur le bras de son fauteuil, il a continué: «Et ce n'est pas tout. Dans les vingt-quatre heures à venir, nous compterons quarante nouveaux drogués à l'héroïne. Trentesept vont mourir des suites de l'alcoolisme... et près de quatre mille malheureux auront leur première dépression nerveuse d'ici à demain. Puis pensez aux autres façons qui prouvent le peu d'appréciation que nous avons de la création étonnante que nous sommes. Au cours des prochaines vingt-quatre heures, près de six mille individus malades et déroutés seront arrêtés pour ivresse et désordre, et plus de cent cinquante prouveront comment ils évaluent dérisoirement leur précieuse vie en conduisant trop vite, provoquant ainsi leur propre mort ou celle des autres. Monsieur Og, savez-vous pourquoi cette condition existe et se répand ici et dans le monde entier?»

Je me suis contenté de secouer la tête et d'attendre.

«Parce que chacun de nous sait qu'il peut s'améliorer. Oh, il est vrai que la plupart des humains ne peuvent traduire ce sentiment caché en mots, mais il y a quelque chose d'implanté au plus profond de chacun de nous qui nous élève au-dessus du royaume animal. Et ce quelque chose, qui est presque une seconde conscience, ne cesse de nous rappeler, aux moments les plus inattendus de notre vie monotone, que nous ne vivons pas à pleine capacité. Il n'est donc que logique que, si nous savons que nous pouvons faire mieux et que nous ne faisons pas mieux, si nous savons que nous pouvons acquérir plus de biens matériels et que nous ne le faisons pas, si nous savons que nous pouvons assumer un emploi plus difficile et mieux payé et que nous le l'avons pas... alors nous ne pensons pas grand-chose de cet échec qui se promène avec notre nom. Peu à peu nous en arrivons à haïr cette personne. Connaissez-vous Maslow, Monsieur Og?»

«Je n'ai jamais compris grand-chose à ses écrits Simon.»

«Maslow n'est pas compliqué, à condition de le lire lentement et de réfléchir... deux activités que l'on ne pratique plus dans ce pays, je le sais. Maslow a écrit une fois que les gens font soit des choses agréables et positives et dans un tel cas, se respectent ou font des choses méprisables et dans ce cas, ils se sentent méprisables, inutiles et détestables. D'après moi, Maslow n'est pas allé assez loin. Je crois que la plupart des humains se sentent méprisables, inutiles et détestables sans pour autant accomplir d'actions méprisables. Le seul fait de faire leur travail négligemment, de ne pas se préoccuper de leur apparence, de ne pas étudier, ou de ne pas travailler un peu plus en vue d'améliorer leur situation dans la vie, de prendre ce verre inutile ou de faire des tas d'autres actions stupides et mesquines ternissant leur propre image déjà ternie suffit pour accroître la haine qu'ils éprouvent envers eux-mêmes. La plupart de nous n'avons pas seulement la volonté de mourir... nous avons aussi la volonté d'échouer.»

Parfois, Simon citait même un écrivain qui en citait un autre. «Nous sommes tous malheureux Monsieur Og. Henry Miller a toujours été hanté par la phrase de Tolstoï: «Si vous êtes malheureux... et je *sais* que vous êtes malheureux.»

«Mais Simon, la plupart de nous sommes malheureux parce que nous avons des problèmes. Je peux vous emmener maintenant dans un hôpital de cette ville où, salle après salle, les gens sont merveilleusement heureux... ils rient tout le temps... ils ne font plus face à leurs problèmes... mais il y a des barreaux à leur fenêtres.»

«Je ne parle pas d'un état de bonheur permanent, euphorique et impossible comme un bouclier pour la vie contre nos problèmes. C'est quelque chose d'impossible. Les problèmes, petits et grands, nous accompagneront tout au long de notre vie. Norman Vincent Peale a déjà dit que les seules fois qu'il a rencontré des gens sans problèmes, c'était quand il traversait un cimetière. Non, le bonheur n'est pas le remède universel, c'est un antidote, quelque chose qui nous permettra de faire face à nos problèmes tout en conservant notre amour-propre, de sorte que nous n'abandonnerons pas la course humaine... et la forme ultime de résignation est, évidemment, le suicide. »

« Pourquoi faisons-nous un aussi pauvre travail quand on fait affaire avec nos problèmes, Simon ? Pourquoi sommes-nous tous aussi malheureux alors que nous sommes entourés de tous les ingrédients du bonheur ? S'agit-il d'une autre damnation, comme un péché originel, encore pire ? »

« Pourquoi sommes-nous malheureux ? Je vais vous le répéter. Nous sommes malheureux parce que nous n'avons plus d'amour-propre. Nous sommes malheureux parce que nous ne croyons plus que nous sommes un miracle spécial, une création spéciale de Dieu. Nous sommes tous devenus un troupeau, des numéros, des cartes à poinçon, des esclaves, des habitants de ghettos. Nous nous regardons dans nos miroirs et nous ne voyons plus les qualités divines qui étaient autrefois si évidentes. Nous avons perdu la foi en nous-même. Nous sommes réellement devenus les singes nus dont parle Desmond Morris dans ses écrits. »

« Quand tout cela s'est-il produit ? »

« Je ne pourrais pas l'affirmer, mais j'ai mon idée là-dessus. Je crois que tout a commencé avec Copernic. »

« Copernic ? L'astronome polonais ? »

« Oui. En fait il était médecin. L'astronomie n'était que son passe-temps. Cependant, avant Copernic, l'homme croyait qu'il vivait au centre absolu de l'univers de Dieu, ici sur la terre, et que toutes ces petites lumières là-haut, étaient suspendues pour son plaisir, sa distraction et pour l'illuminer. Puis, Copernic a prouvé que notre planète n'était le centre de rien du tout et que nous n'étions qu'une autre petite boule de terre et de roches se déplaçant dans l'espace et que nous étions captifs d'un immense globe de feu plusieurs fois plus gros que la terre. Cela a été un choc énorme pour notre ego. Nous avons refusé de croire aux découvertes extraordinaires de cet homme pendant des siècles. Payer ce prix, reconnaître que nous étions moins que les enfants spéciaux de Dieu était une idée trop horrible à contempler. Alors, nous en avons différé le paiement. Nous avons refusé d'entendre. »

« Et alors... ? »

« Quatre cents ans plus tard, notre amour-propre a encore été sérieusement bousculé. La Grande-Bretagne a connu un très grand naturaliste, Darwin, qui nous a dit que nous n'étions pas des créatures spéciales de Dieu mais que nos racines originaient d'un royaume animal en évolution. Il a même frotté du sel sur notre amour-propre en disant que nous descendions du royaume animal. Ce fut une pilule extrêmement amère à avaler pour l'homme. Dans plusieurs domaines, comme vous le savez, l'homme ne l'a d'ailleurs toujours pas avalée. Pour plusieurs, cela présentait un avantage, car la science pouvait maintenant reconnaître et excuser le comportement bestial de l'humanité. Après tout, si nous n'étions que des animaux, que pourriez-vous attendre de nous? Ainsi notre propre image, notre amour-propre, l'amour de nous-même ont tous dégringolé de quelques barreaux dans l'échelle de la misère et de l'enfer. Darwin nous a donné le permis d'animal.»

«Après Darwin, qu'est-ce que...?»

«Après Darwin? Freud! Et quelques carreaux de plus de cassés à la maison de notre amour-propre. Freud nous a dit que nous étions incapables de contrôler la plupart de nos actions et de nos pensées pas plus que nous étions d'ailleurs capables de les comprendre étant donné qu'elles avaient leurs racines dans des expériences vécues au cours de la petite enfance, impliquant l'amour, la haine et la répression, le tout se trouvant maintenant enseveli au plus profond de notre subconscient. Il ne nous manquait plus que cela. Nous avions maintenant la permission d'une autorité médicale des plus brillantes du monde, de nous faire tout ce que nous voulions à nous-même... et aux autres. Nous n'avions plus besoin d'une explication rationnelle de nos actes. Il suffisait d'agir... et de blâmer notre père et notre mère pour les conséquences de nos actes.»

«Simon, laissez-moi m'assurer que je comprends bien ce que vous dites. Vous dites que l'homme, à un moment donné, peut-être dû à une communion plus rapprochée avec son Dieu, pensait qu'il était réellement une création merveilleuse, un être supérieur fait à l'image de Dieu. Puis, il a commencé à faire des découvertes qui ont peu à peu érodé la haute opinion qu'il se faisait de lui-même jusqu'à ce qu'il en arrive à penser : Si nous ne sommes pas à l'image de Dieu, si nous ne vivons pas au centre du monde de Dieu, si nous ne sommes vraiment que des animaux et si nous ne pouvons ni contrôler, ni expliquer la plupart de nos actes, alors nous ne valons pas plus qu'une mauvaise herbe dans notre jardin. Si nous ne sommes pas vraiment grand-chose de quoi que ce soit, alors comment pouvons-nous être fiers de nous ? Et si nous ne sommes pas fiers de ce que nous sommes, comment arriver à nous aimer ? Et si nous ne nous aimons pas, qui peut vivre avec cette sorte de personne... alors... autant en finir. Conduisons trop vite, buvons trop, mangeons trop, ou flânons volontairement afin de nous faire renvoyer de notre emploi, ce qui nous permettra de nous asseoir dans un coin en suçant notre pouce et en nous disant que, puisque de toute façon on ne vaut rien, pourquoi est-ce qu'on s'en ferait. C'est bien ça ? »

« Exactement. »

C'était à mon tour. « Laissez-moi ajouter ce qui peut être un autre clou au cercueil de l'amour-propre, Simon, si l'on arrive éventuellement à prouver que c'est exact. Connaissez-vous le professeur Edward Dewey et sa fondation pour l'étude des cycles à l'Université de Pittsburg ? »

« Oui. Il y a plusieurs années, j'ai acheté une grande collection des anciens numéros du magazine mensuel de sa fondation, Cycles. Ils sont entassés quelque part ici. Qu'y-a-t-il à son sujet Monsieur Og ? »

« Le professeur Dewey a passé plus de quarante

ans de sa vie à étudier les cycles, les fluctuations rythmiques qui se répètent à intervalles réguliers, depuis les tremblements de terre jusqu'aux récoltes abondantes, en passant par les prix de la Bourse et les éruptions solaires et ce dans des centaines de disciplines. »

« Je sais. »

« Le professeur Dewey est venu me voir, il y a trois ans et il m'a dit qu'il avait été impressionné par mes articles publiés dans Success Unlimited. Il m'a demandé si j'accepterais de travailler avec lui à la rédaction d'un livre sur les cycles, que les profanes pourraient comprendre. Sa demande me fit tellement plaisir que j'ai sauté sur l'occasion. J'ai passé plus d'un an à fouiller dans ses dossiers, ses notes, ses tableaux et nous en avons finalement sorti un livre appelé *Cycles: Mysterious Forces That Trigger Coming Events* (Les cycles: forces mystérieuses qui déclenchent les événements futurs).

« Monsieur Og, plus je vous connais, plus vous m'étonnez. »

« C'est réciproque, Simon. Pour en revenir au fait, le professeur Dewey est persuadé qu'il existe un autre facteur qui affecte nos activités et nos attitudes. Il pense qu'il y a une très forte possibilité que plusieurs conjonctures planétaires, lorsqu'elles se présentent, puissent exercer une force incommensurable qui affecte nos actions en groupe et qu'elles nous entraînent parfois à nous battre, à aimer, à écrire, à peindre et à composer... pendant que nous croyons faire toutes ces choses uniquement pour des raisons rationnelles. Il dit que nous sommes peut-être des marionnettes, que nous devons apprendre à connaître ce qui contrôle les cordes et les couper, et que sinon, nous ne pourrons jamais atteindre notre plein potentiel, ni regagner notre amour-propre.»

«J'aime votre professeur, Monsieur Og. Maintenant si vous avez été élevé et éduqué avec l'idée que vous n'êtes qu'un grain de sable avec peu ou aucun contrôle sur votre destin et qu'ensuite vous soyez exposé à chaque jour, à des événements qui vous vident de toute votre personnalité, que vous soyez constamment immergé dans les ordures négatives qui nous inondent depuis les journaux, la radio, la télévision, les films, le théâtre et si vous combinez le tout à la préoccupation que vous avez de votre sécurité personnelle, vos économies, le bien-être de votre famille, votre avenir, si vous ajoutez à cela votre crainte que le monde croule sous la pollution ou peut très bien cesser d'exister par un beau matin de printemps, comment pouvez-vous maintenir le plus faible degré d'amour-propre alors que vous devez passer la plupart de votre temps et de vos efforts à essayer tout simplement de survivre? Pourquoi devriez-vous avoir une haute opinion de vous-même? Comment pouvez-vous être heureux? Qu'y a-t-il en vous que l'on peut aimer? Qu'y a-t-il de si extraordinaire dans la vie? Qui a parlé de paradis sur terre?»

«De toute façon, cher ami, je crois que vous me posez des questions de rhétorique.»

Simon fronça les sourcils et se voûta sous la fatigue temporaire de ce long discours. Puis un grand sourire transfigura son visage, ses yeux s'ouvrirent très grands et il éleva la voix. «La réponse paradoxale, Monsieur Og, c'est qu'en dépit de toutes ces forces déployées contre nous, nous voulons toujours et à un très grand degré être fiers de nos vies. Nous désirons encore, de tout notre coeur, atteindre notre capacité maximale et c'est à cause de cette petite lueur d'espoir qui brûle encore en chacun de nous que nous pleurons de honte à la suite de nos échecs, de notre descente graduelle dans le puits commun de la médiocrité. Nous sommes comme ces personnages que l'on trouve sur tant de tableaux de la Renaissance, représentant les âmes condamnées à l'enfer et qui glissent lentement vers les flammes éternelles, les mains encore tendues vers l'espoir, attendant encore une aide qui habituellement, ne se manifeste pas. »

« Y a-t-il un espoir quelconque, Simon ? Est-ce que cela sert vraiment à quelque chose de laisser briller cette minuscule lueur dans une telle obscurité ? »

« Il y a toujours de l'espoir. Lorsque tout l'espoir aura disparu, le monde touchera à sa fin. Et ne pensez pas qu'il n'y a rien qu'une seule lueur lorsque vous essayez de sortir de l'obscurité du désespoir. Si chacun de nous allumait une chandelle, nous pourrions tranformer la nuit la plus noire en une journée des plus ensoleillées. »

Je me fis l'avocat du diable. « Mais la race humaine n'a-t-elle pas été effrayée et mutilée à un point tel qu'il n'y a plus rien à faire ? Le monde va trop vite pour la personne moyenne. Elle quitte la route tôt dans la vie et laisse sa place à celles qui sont plus rapides, aux sans-scrupules et aux mesquins. Pour chacune des soi-disant histoires de réussite en ce monde, il y a mille échecs lamentables et cette proportion ne semble pas vouloir s'améliorer avec l'accroissement de la population. »

«Monsieur Og, je suis surpris de vous entendre parler de cette façon. Vous semblez mesurer la réussite et l'échec comme le font tous les autres. Vous ne croyez pas vraiment ce que vous dites. Vous n'auriez pas pu avoir écrit votre livre si vous étiez persuadé que la réussite se mesure en fonction d'un compte en banque.»

«Non, Simon. Et pourtant je serais incapable de vous dire le nombre d'émissions auxquelles j'ai participé et où l'interviewer me posait cette question sans même avoir lu mon livre. Il en concluait donc que j'avais écrit un autre de ces livres disant au lecteur comment réussir, ce qui revient toujours, dans l'esprit des gens, à devenir riche. Il faut voir les choses en face, «riche» et «réussite» sont synonymes dans notre pays.»

«Je sais. C'est triste mais c'est vrai.»

«Alors, lorsque vous essayez d'expliquer la caméra braquée sur vous avec sa petite lumière rouge allumée, que votre livre a peu de choses en commun avec la réussite financière, mais qu'il traite de paix intérieure ou de bonheur, vous obtenez habituellement des rires sarcastiques et une série de questions auxquelles il est assez difficile de répondre.»

«Par exemple, Monsieur Og?»

«Parfait. Cela vous va très bien de parler de bonheur et de paix intérieure, disent-ils mais comment faites-vous pour faire sourire le chômeur qui a cinq bouches à nourrir et rien dans le réfrigérateur? Comment pensez-vous pouvoir calmer l'âme et l'esprit d'une jeune mère de famille, vivant dans un ghetto, complètement brisée par son environnement, alors qu'elle se débat pour élever ses trois enfants sans père ? Comment réussissez-vous à convaincre un mourant qu'il peut encore profiter du peu de vie qui lui reste ? Que dites-vous à la femme au foyer qui est certaine qu'elle est vouée à une vie de vaisselle sale et de lits défaits ? »

« Aucun de ces problèmes n'est facile à résoudre Monsieur Og, mais laissez-moi vous répéter une fois de plus que chacun de ces individus, comme tous les habitants de cette terre, ont encore tous leur propre petite flamme qui brûle au fond d'eux-mêmes. Elle peut être très faible chez certains, mais il y a une chose... jamais, jamais elle ne s'éteint ! Tant qu'il reste un souffle de vie, il y a de l'espoir... et c'est sur cela que nous comptons, nous les chiffonniers. Donnez-nous seulement une chance et nous fournirons le combustible qui brûlera, peu importe la faiblesse de la flamme. Un être humain, mon ami, est un organisme étonnant, complexe et qui a du ressort, qui est capable de se ressusciter lui-même de son état de mort-vivant, à plusieurs reprises, à condition qu'on lui en donne l'occasion et qu'on lui indique la voie. »

« Et c'est là que vous travaillez, vous, les chiffonniers ? Parmi les morts-vivants... les perdants de l'humanité ? »

« Habituellement. Je me suis rendu compte que la plupart des individus se refusent ou ne sont pas prêts à accepter une aide quelconque avant d'avoir touché le fond. À ce moment-là, ils se disent qu'ils n'ont plus rien à perdre, alors ils sont bien plus réceptifs à ma technique très simple qui vise à les aider à essayer de mener une nouvelle vie... à accomplir le plus grand miracle du monde... à se ressusciter de leur état de mort-vivant. Lisez-vous Emerson Monsieur Og ? »

« Je n'ai pas relu Emerson depuis ma dernière année au secondaire. »

« Quelle honte ! On devrait lire Emerson à trente, quarante ou cinquante ans et non pas au cours de l'adolescence. Emerson a écrit : "Notre force se développe de notre faiblesse". L'indignation qui s'arme elle-même avec des forces secrètes ne s'éveille pas tant que nous ne sommes pas piqués, tourmentés et douloureusement assaillis. Lorsqu'un homme est bousculé, tourmenté, vaincu, il a une chance d'apprendre quelque chose ; il a été mis à l'épreuve, il a acquis certains faits, appris ce qu'il ignorait, il est guéri de cette insanité du concept, il devient modéré et possède un talent réel ! »

« Mais votre but ultime n'est-il pas un rêve impossible ? N'êtes-vous pas comme Don Quichotte, en train d'essayer d'échapper à la réalité de la vie et êtesvous conscient du fait que vous êtes voué au même sort ? Les anciennes valeurs, les vieux principes ne sont plus valables aujourd'hui. Ce que vous devez faire afin qu'ils aient à nouveau un sens, c'est de changer l'environnement au complet. Simon, vous parlez de changer le monde. C'est quelque chose que certains ont toujours essayé de faire à maintes reprises. On a tout un annuaire de martyrs qui ont essayé et qui ont échoué. »

« Ils n'ont pas échoué. Alors que la Rome toutepuissante s'écroulait autour de lui, un sage nommé Paulinus a continué de prendre soin d'un petit oratoire afin de ne pas perdre sa santé d'esprit et sa sérénité. Vous pouvez encore trouver les paroles de sa sagesse dans n'importe quelle bibliothèque... c'était un vieux et sage chiffonnier. Les martyrs n'échouent pas au moment où le cœur s'arrête de battre. Si tel était le cas, nous ne serions pas ici en train de discuter de la possibilité de poursuivre leur but commun qui est de faire du monde un meilleur endroit pour vivre pour toutes les créatures de Dieu!»

Le vieil homme reprit sa place et plaça une main sur mon genou.

«Monsieur Og, pourquoi ne pas essayer de changer le monde? Pourquoi ne pas enseigner aux autres qu'ils peuvent accomplir un miracle de leur vie? Qu'est-ce que cela peut faire que l'homme ne vive pas au centre de l'univers du moment qu'il puisse créer un monde merveilleux qui lui est propre? Qu'est-ce que ça peut bien faire que l'homme descende du royaume animal à partir du moment où il se rend compte qu'il a des pouvoirs qu'aucun autre animal ne possède? Et quelle importance cela peut-il avoir que certaines de ses actions aient leurs racines dans certaines expériences de sa jeunesse, enfouies dans son subconscient s'il a encore le pouvoir de contrôler son esprit et son ultime destin. Seul l'homme, et chacun à sa façon, a le pouvoir de décider comment sa vie va être vécue.»

Il venait de proférer tant de paroles sensées et profondes que j'ai dû lui demander d'arrêter la discussion ou, au moins, d'en alléger l'atmosphère, afin d'avoir le temps d'assimiler ses remarques. J'ai allumé une cigarette et j'ai essayé de le harceler. «Simon, les astrologues ne seraient pas tout à fait d'accord avec notre théorie, à savoir que l'homme peut contrôler son propre destin.»

Il hocha la tête tristement et sourit. « Les voyants, les astrologues, les guérisseurs, les chiromanciens, les numérologistes, les psychiques... chaque époque a connu ses couvertures de sécurité. »

Le vieillard ébouriffa mes cheveux gris. « Vous connaissez Shakespeare Monsieur Og ? »

« Un peu. »

« L'erreur, cher Brutus, n'est pas dans nos étoiles, mais en nous-mêmes... »

CHAPITRE SIX

Ce fut une surprise pour lui lorsque je lui ai offert un cadeau pour son soixante-dix-neuvième anniversaire.

Le choc qu'il eut en voyant que je me souvenais de la date exacte, le treize novembre, date qu'il m'avait fait connaître au cours de l'une de nos premières conversations, lui fit pratiquement perdre connaissance.

Je déteste aller magasiner, mais j'ai passé quand même deux horribles samedis à essayer de trouver quelque chose d'unique, qui ferait plaisir à Simon. Je l'ai finalement trouvé à Woodfield... un géranium en verre coulé italien. Il avait plus de cinquante centimètres de haut, ses fleurs et feuilles avaient l'air tellement naturelles qu'il fallait y toucher pour se rendre compte qu'il n'avait pas fait l'objet des plus tendres soins dans l'une des meilleures serres du pays.

Simon avait une jardinière à sa fenêtre, la seule suspendue à une fenêtre dans tout le voisinage. Il m'avait dit qu'il l'avait faite et qu'il l'avait suspendue aussitôt après avoir emménagé, que tous les ans, il la repeignait en vert. À chaque printemps, il y plantait des tas de graines de géranium, sa fleur préférée, qui essayait de se frayer un chemin vers un coin de lumière, puis qui passait par toutes les teintes du jaune et de la lavande pour finalement se faner et mourir. L'an dernier, m'avait-il dit, il avait essayé d'améliorer sa chance et d'attendre jusqu'au début de l'été afin d'acheter des plants déjà en fleurs. Deux semaines plus tard, les géraniums étaient bruns et morts. Mais il n'abandonnait pas. Il avait déjà repéré dans un catalogue une nouvelle sorte de plants qu'il avait hâte de mettre à l'essai dès le printemps prochain.

Le vieil homme me disait qu'il n'avait jamais perdu un géranium dans ses jardins de Damas ou de Sachsenhausen. Il me raconta une fois, avec beaucoup de détails, le soin qu'il prenait à déterrer ses géraniums avant la venue des premiers gels pour les suspendre dans sa cave où ils séchaient et les replanter au printemps...l'une de ses premières tentatives à aider des choses vivantes à recommencer une nouvelle vie, dit-il en ricanant. Certains de ses géraniums avaient plus de vingt ans. Mais à Chicago, c'était impossible et Simon en accusait la pollution.

« Comment voulez-vous que quelque chose puisse survivre dans cette pluie mortelle qui nous vient d'en haut et parmi ces monstres à essence qui sillonnent les rues ? Regardez à l'extérieur, Monsieur Og. Ce soir, c'est la pleine lune. Pouvez-vous la voir ? Non ! Nous sommes engloutis dans nos propres déchets. Nous y baignons. Nous les respirons. Nous les mangeons. Même l'eau que je verse sur mes plantes contient des produits chimiques qui tueraient un cafard. Aujourd'hui, seuls les oiseaux et les plantes meurent. Demain, qui sait ? Mais j'ai toujours bon espoir de faire pousser un géranium et de voir la race humaine se réveiller à temps pour empêcher le monde de devenir un immense tas d'ordures.»

«Il va falloir une armée de chiffonniers pour arriver à ce résultat, Simon.»

«Pour que cette planète puisse survivre, chaque être humain doit un jour devenir son propre chiffonnier. Le salut de chacun ne doit pas dépendre du voisin. Croyez-moi Monsieur Og, on y arrivera.»

Au magasin, ils avaient emballé le cadeau avec leur papier le plus extravagant, et lorsque Simon m'a ouvert la porte, je lui ai plaçé la grosse boîte dorée dans les mains et je lui ai dit: «Bon anniversaire, mon ami.»

Il a pris la boîte, est resté bouche bée, sans dire un mot. De grosses larmes se sont mises à couler de ses yeux et à descendre le long de ses deux joues ridées. Il a déposé la boîte avec soin sur le plancher et m'a serré dans ses bras. Finalement, il a plaçé ses mains géantes de chaque côté de mon visage et m'a embrassé sur le front.

«Monsieur Og, c'est le premier cadeau d'anniversaire que je reçois depuis trente-cinq ans. Comment avez-vous su la date?»

«C'est vous qui l'avez laissée échapper un soir. Ouvrez la boîte.»

«Je ne peux pas. Elle est trop belle pour que je l'ouvre. Le papier est superbe. On ne devrait pas le déchirer.»

«Ce n'est que du papier. Allez-y. Ouvrez-la.»

Simon s'est assis sur le tapis, a attiré la boîte vers lui, une jambe de chaque côté. Il commença en premier par détacher le ruban avec soin pour le retirer doucement. Puis, il a glissé ses doigts sous le papier, décollant lentement le papier collant, a enlevé tranquillement l'emballage pour découvrir une grande boîte en carton brun. Il a sorti son canif, a découpé la bande de papier gommé qui faisait le tour de la boîte, a ouvert les rabats. Il a regardé à l'intérieur de la boîte et a froncé les sourcils. Puis il a commencé à retirer tout le papier de soie qui avait été placé autour de la plante, appréciant chaque instant avec cette espèce d'excitation et d'impatience enfantine que l'on ne rencontre habituellement qu'à Noël. Finalement, il a sorti doucement son cadeau de verre de la boîte.

« Un géranium ! Je n'en crois pas mes yeux ! Un pélargonium de la plus belle variété ! Une fleur de concours, un prix d'honneur, j'en suis sûr. Et il n'est même pas vrai ! Seigneur ! Il est en verre ! Monsieur Og, où avez-vous déniché un tel objet d'art ? Et regardez... remarquez le rouge des fleurs ! Une fois, à Jérusalem, j'ai vu un géranium avec la même incandescence. J'ai essayé de l'acheter, mais le détenteur n'a jamais voulu s'en séparer. Quel cadeau ! Un cadeau si dispendieux Monsieur Og. Que puis-je dire ? »

« Ne dites rien, Simon. Je suis heureux qu'il vous plaise. Ce n'est qu'une petite preuve de mon amitié et en remerciement pour toutes ces heures de sagesse et d'espoir que vous avez bien voulu partager avec moi. Bon anniversaire... je vous en souhaite soixante-dix-neuf autres. »

Il était maintenant debout, transportant la plante de place en place, cherchant l'endroit idéal pour la placer, afin de la mettre en valeur. Il l'a placée sur la table basse, a reculé pour étudier l'effet pendant quelques instants, a secoué la tête et l'a retirée. Puis il a essayé le dessus de la télévision. Non. Puis la table de bout, en arrière des photos de famille. C'était mieux. Mais ce n'était pas encore le bon endroit.

En le regardant s'affairer et déplacer son cadeau d'un endroit à l'autre, j'eus soudain une idée. « Simon, il y a un endroit qui serait parfait pour cette plante. »

Il s'est arrêté à contre-coeur, un peu comme si je lui gâchais son plaisir.

« Où, Monsieur Og ? »

« Cette plante est en verre, donc la pollution ne peut pas lui nuire. Pourquoi ne pas la planter à l'extérieur dans votre jardinière ? Qui d'autre, dans toute cette ville, aura un beau géranium rouge en fleurs, en plein mois de novembre... de décembre... de janvier, pendant tous les autres mois de l'année ? »

« C'est une idée géniale, Monsieur Og. De là, elle pourra vous souhaiter le bonjour tous les matins, alors que vous pénétrez dans le terrain de stationnement. C'est ce que je vais faire. Mais... les honneurs vous reviennent. »

« Honneurs ! Que voulez-vous dire ? »

« C'est à vous de la planter. Attendez... attendez... Je vais chercher ma pelle. »

Et c'est ainsi que nous nous sommes retrouvés tous les deux, en train de repiquer un géranium en verre de quatre-vingt-quinze dollars. Il nous a fallu nous battre contre une fenêtre de salon prise dans la glace, avant de pouvoir la relever, pendant que des rafales d'un vent d'hiver prématuré nous coupaient la respiration ; je me suis penché pour creuser un trou dans la terre gelée de la jardinière. Simon me tendit la plante, j'ai enterré le pot, le recouvrant de sable de sorte que seule la plante dépasse. Puis tous les deux, nous nous sommes reculés pour mieux observer l'effet produit par notre paysage alors que la lumière chaude du salon se reflétait sur les pétales des fleurs.

« C'est merveilleux et c'est vraiment original » cria Simon. « Maintenant, j'ai mon géranium. Vous voyez, celui qui persévère, n'échoue jamais. Qui, en dehors de vous, aurait pu penser à un tel cadeau ? »

« C'est pour mon chiffonnier préféré, c'est tout. »

Puis nous avons bu un verre de sherry bien entendu, en l'honneur de ses soixante-dix-neuf ans et alors que j'étais assis, je pouvais remarquer les efforts qu'il faisait pour contrôler son émotion. Ses lèvres tremblaient légèrement et ses yeux étaient à moitié fermés. Je me demandais quels souvenirs l'assaillaient, mais je n'ai rien dit. Finalement, il secoua la tête, comme pour les chasser et dit : « Il n'y a rien de plus triste qu'un homme qui n'a rien à montrer pour prouver qu'il a vécu longtemps, en dehors du nombre de ses années. »

« Je sais qui a dit cela. Sénèque. C'est ça ? »

« Monsieur Og, vous êtes trop intelligent pour n'avoir que cinquante ans. »

« Mais vous en avez beaucoup à montrer pour vos années Simon. Ne parlons que de ces années au cours desquelles vous avez vécu comme chiffonnier et aidé tant de personnes... »

« Oui... Mes anges des dépotoirs. Je les ai tous aimés. Ils représentaient mon passeport pour le paradis...mon billet pour revoir Lisha...et Éric. »

« Simon, j'aime bien la remarque d'Henry Ford sur le fait de vieillir mieux que Sénèque. »

« Oui ? »

« Ford a dit que si vous retiriez du monde toute l'expérience et tout le bon sens des personnes de plus de cinquante ans, il ne resterait plus assez d'intelligence et de talent pour le gouverner. »

« Mais, Monsieur Og, Ford n'a fait cette déclaration qu'après avoir dépassé l'âge de cinquante ans. Et il y a en plus ce qu'a dit Richter, l'humoriste allemand du dix-huitième siècle. Savez-vous ce qu'il a dit ? »

« Je savais que vous m'auriez. Allez-y. »

« Richter a dit : Comme un rêve du matin, la vie est de plus en plus claire à mesure que nous avançons et la raison de chaque chose apparaît plus évidente. Ce qui nous étonnait auparavant semble moins mystérieux et les chemins tortueux se font de plus en plus droits au fur et à mesure que nous approchons de la fin. »

Comme mû par une force magnétique extrêmement puissante, je me suis levé de mon fauteuil pour me diriger vers Simon et m'asseoir à ses pieds. J'ai relevé les yeux vers son magnifique visage et dit : « Le Mémorandum de Dieu. Je pense que je suis prêt à l'accepter. Je prendrais, comme un honneur et un privilège, le fait que vous me le remettiez et je vous promets que je ferai tout ce qui est en mon pouvoir pour le faire connaître dans le monde entier. Je ne pense pas qu'il y ait eu une époque dans l'histoire où nous en ayons eu plus besoin que maintenant. »

Le vieil homme soupira doucement et son visage exprima un soulagement intense.

« Je craignais que vous n'ayez rejeté mon offre ou alors que les mois passaient que vous l'aviez oubliée. Votre acceptation est, à mes yeux, un cadeau encore plus grand que le géranium. Mais pourtant, j'ai repensé à ma proposition depuis que je vous l'ai faite. »

« Vous voulez dire que vous avez changé d'idée Simon ? »

« Non, non... ce n'est pas ça. Je suis seulement concerné par le fait que les gens ne prennent pas ce message au sérieux monsieur Og, étant donné qu'il est très simple, bref et fondamental. Il semble qu'aujourd'hui, plus l'instruction mise à la portée de tous est compliquée, intellectuelle et onéreuse, plus les gens sont attirés par elle et rejettent des auteurs comme Dale Carnegie, Dorothea Brande, Napoléon Hill, Norman Vincent Peale et même notre W. Clement Stone qui offrent des solutions simples mais pratiques aux problèmes de la vie. De plus, j'ai toujours aidé et conseillé les individus un par un, en chair et en os, face à moi avant de leur présenter le "Mémorandum de Dieu" et il est indéniable que la force de votre personnalité ajoute de la crédibilité au cadeau. C'est autre chose que de présenter des mots inscrits sur papier sans aucun préliminaire, sans aucun conditionnement personnel de l'esprit et d'avoir une puissance suffisante pour motiver le lecteur à passer à l'action. »

« Simon, il y aura toujours des petits groupes de détracteurs, qui ont beaucoup de théorie et peu d'expérience, prêts à vous accuser d'offrir des solutions simplistes à des problèmes qu'ils considèrent extrêmement compliqués et requérant toujours d'après eux, cinq années de thérapie à cinquante dollars la visite hebdomadaire. Et pourtant, j'aimerais bien recevoir un dollar pour chaque personne qui a trouvé inspiration et aide véritable en lisant Carnegie, Peale, Brande,

Hill, Stone et bien d'autres, sans jamais avoir rencontré les auteurs. »

« Y compris Mandino. »

« Je joindrai les rangs du groupe dès qu'ils m'accepteront parmi eux. Simon, désirez-vous toujours vous multiplier ? Voulez-vous encore aider les gens par milliers au lieu de vous limiter à quelques-uns ? »

« Bien sûr. »

« Bon. Eh bien, deux ingrédients sont nécessaires pour faire du "Mémorandum de Dieu" une réussite. Premièrement, il doit répondre à un besoin et ensuite il doit être mis en évidence par une distribution massive à la portée de tous ceux qui en ont besoin. Je me souviens que Lilian Roth, dans son livre *I'll Cry Tomorrow,* (Je pleurerai demain) a écrit qu'elle avait été incapable de se sortir de son état de mort-vivant, l'alcoolisme, jusqu'à ce qu'elle ait appris à dire les trois mots les plus difficiles qu'elle n'ait jamais eu à prononcer. Et ces mots étaient : "J'ai besoin d'aide." Vous-même m'avez dit que le meilleur moment d'aider les gens était quand ils avaient perdu tout espoir et ne savaient plus vers qui se tourner pour un soutien quelconque. Simon, si vous écoutez, vous pouvez presque entendre un chœur de millions d'âmes, dans chaque voisinage, dans toutes les couches de la société et toutes les professions, qui pleurent et demandent de l'aide. Le besoin d'un message comme le vôtre, maintenant, est tellement grand que nous ne serons probablement pas capables d'y répondre comme nous l'aimerions. Riches ou pauvres, blancs ou noirs, beaux ou laids, en groupe ou esseulés... tous ont besoin d'aide. Ils sont des millions à croire que la vie, n'a pas été un paradis mais un enfer... sur terre.»

Simon avait relevé la tête et m'écoutait avec attention, comme j'avais l'habitude de le faire quand lui parlait. Il n'a rien dit, alors j'ai continué.

«Le second ingrédient important à la réussite du "Mémorandum", c'est qu'il bénéficie d'une présentation et d'une distribution adéquates. Je ne l'ai pas encore lu, mais je vous promets ceci... j'insérerai le "Mémorandum de Dieu", dans mon prochain livre et je parlerai aussi de vous dans ce livre... que j'appellerai... *Le plus grand miracle du monde.* Nous allons montrer au monde entier comment accomplir un miracle... comment recycler leur propre vie et revenir du monde des morts-vivants.»

«Vous feriez cela pour moi?»

«Pour vous, bien sûr... mais aussi pour tous les êtres humains qui veulent une chance de vivre et qui ne s'aperçoivent même pas qu'elle est là, à leur portée.»

Et soudain, son rire tonitruant emplit l'appartement. «Monsieur Og, tel que je me souviens bien, du temps où j'étais président, la plupart des mémos ont des doubles que l'on distribue à diverses personnes ou départements d'un organisme. "Le Mémorandum de Dieu"... on en donnera des doubles au monde entier.»

«Pourquoi pas? Il y a quatre milliards d'employés dans notre usine, tous se battant pour obtenir une promotion vers une vie meilleure... ou ne demandant pas mieux que de se battre, à condition de savoir comment. Donnons-leur tous la chance de réaliser le plus grand miracle du monde et lorsque cela se produira, nous aurons notre paradis ici même sur terre ! »

« Nous allons leur montrer Monsieur Og. Nous allons leur dire comment faire, à tous. »

« Simon, comme toujours, lorsque je suis avec vous, j'ai perdu toute notion du temps. Je dois m'en aller. Est-ce que je pourrais avoir le "Mémorandum" pour pouvoir le lire durant la fin de semaine ? »

Son hésitation, presque imperceptible aurait pu passer inaperçue pour n'importe qui d'autre. « Pas ce soir, mon ami, mais bientôt... très bientôt, vous l'aurez en votre possession. »

Je savais maintenant que je ne devais rien brusquer. « D'accord. Bonne nuit, vieil homme. »

« Bonne nuit, jeune homme. Et merci pour cette soirée d'anniversaire que je n'oublierai jamais. Ce soir vous avez réellement allumé une chandelle pour moi. »

Alors que je passais sous la barrière du terrain de stationnement, barrière qu'il avait tenue pour moi il y avait presque un an, au cours d'une tempête de neige, je me suis retourné pour regarder la fenêtre de son appartement.

Là, se découpait dans la lumière chaude du salon la silhouette sombre du nouveau géranium rouge de Simon.

CHAPITRE SEPT

L'enveloppe brune, épaisse, reposait de façon sinistre sur mon bureau en ce lundi matin que je ne pourrai jamais oublier.

J'avais dû m'absenter une fois de plus, pour ce qu'on m'avait assuré être la dernière tournée de promotion pour mon livre. Ce voyage avait duré deux semaines au cours desquelles j'avais pris douze avions, traversé dix villes, connu dix lits d'hôtels inconnus, dix levers matinaux... et la même série sans fin de questions et réponses, de la Nouvelle-Orléans à Monterey.

Je suis arrivé de bonne heure au bureau, espérant avoir une heure devant moi pour me mettre au courant de ce qui s'était passé pendant mon absence. L'odeur de café frais se répandait partout. Seule Vi Noramzyk, qui arrivait toujours très tôt, était là avant moi.

Je pris l'enveloppe brune et remarquai l'écriture de style européen avec un mélange d'horreur et de panique. Dans le coin supérieur gauche, là où l'on inscrit habituellement une adresse de retour, les mots suivants étaient inscrits :

Un cadeau d'adieu d'un vieux chiffonnier.

Au centre de l'enveloppe, il y avait mon nom et l'adresse de mon bureau.

Dans le coin supérieur droit, l'enveloppe avait été affranchie... pour un dollar et vingt cents. Mais les timbres n'étaient pas oblitérés. Il n'y avait aucune trace du bureau de poste.

J'ai laissé tomber le paquet et me suis rué hors du bureau. Au moment où j'ouvrais la porte menant dans le corridor, Pat entra. Son sourire de bienvenue s'effaça dès qu'elle vit l'expression de mon visage. « Que se passe-t-il ? »

Je l'ai attrapée par le bras et je l'ai presque poussée dans mon bureau. Puis je me suis penché pour ramasser le paquet qui se trouvait là où je l'avais laissé tomber sur la moquette, et je lui ai montré. « Quand l'avons-nous reçu ? »

Elle me prit l'enveloppe des mains, lut le message et haussa les épaules. « Je ne le sais pas. Tout votre courrier se trouve sur le divan. Je n'ai jamais vu cette enveloppe. Elle n'était pas ici lorsque j'ai verrouillé le bureau vendredi. Elle a dû arriver ce matin. Peut-être par messager ? »

J'ai décroché le récepteur du téléphone et j'ai composé le 24... notre service d'abonnement. Barbara Voigt, notre directrice du service des abonnements, n'eut même pas la chance de prononcer un mot de bienvenue pour mon retour au bureau. « Barbara, s'il vous plaît, demandez à Vi de venir dans mon bureau immédiatement. »

Vi se retrouva bientôt debout, mal à l'aise sur le seuil de ma porte, son beau visage angélique exprimait l'étonnement devant le fait que je demandais à la voir. «Vi, est-ce vous qui avez ouvert le bureau ce matin?»

«Oui, comme d'habitude.»

«Je sais. Est-ce que quelqu'un vous a remis ce paquet?»

«Non.»

«Avez-vous rencontré un inconnu dans le hall lorsque vous êtes arrivée?»

«Non. Il n'y avait personne, à l'exception de Charlie, le concierge. J'ai fait le café, comme d'habitude, j'ai attendu que les pots soient pleins, je m'en suis versé une tasse et j'ai retraversé le hall. Pourquoi? Que se passe-t-il?»

«Rien, Vi. Ne vous en faites pas. Merci.»

Je jetai le paquet sur mon pupitre, attrapai mon manteau et sortis du bureau en courant. Le trottoir commençait à blanchir sous la première neige de Chicago et je me souviens vaguement que je glissais et que je suis tombé plusieurs fois en traversant le terrain de stationnement, la rue Winthrop pour finalement arriver à l'appartement de Simon. Je ne me suis même pas donné la peine de sonner et j'ai monté l'escalier deux marches à la fois. En atteignant le palier du deuxième, j'ai frappé à la porte de l'appartement de Simon.

La porte finit par s'ouvrir et je me suis retrouvé face à une grosse femme au visage rougeaud, des pinces retenant ses cheveux, un bébé en pleurs dans les bras. Un autre jeune enfant s'accrochait à la chemise de nuit rose délavé de sa mère. Simon a encore dû se mêler à une autre histoire de sauvetage, ai-je pensé.

«Monsieur Potter, s'il vous plaît.»

« Qui ? »

« Monsieur Potter. Le vieux monsieur. Il habite ici. »

« Il n'y a personne du nom de Potter ici. »

« Qu'est-ce que vous racontez ? Il vit ici depuis des années. Dites-lui que c'est Og Mandino qui le demande. »

« Écoutez, je m'appelle Johnson. Je vis dans ce dépotoir depuis quatre ans et je suis bien placée pour savoir qu'il n'y a personne du nom de Potter ici. »

Elle se mit en devoir de fermer la porte, mais je l'ai arrêtée du bras et j'ai pénétré dans l'appartement. « Je vous en prie, Madame. À quoi ça sert de me raconter des histoires. Je suis venu dans cet appartement des centaines de fois au cours de la dernière année. Un vieil homme du nom de Simon Potter. vit ici. Où est-il ? »

Avant qu'elle puisse me répondre, mes yeux avaient fait le tour de l'appartement et je sentais mes cheveux se dresser sur ma tête. Je ne reconnaissais plus rien. Nos deux fauteuils favoris n'étaient plus là. Il n'y avait plus de livres empilés le long du mur du salon. Le tapis tressé avait été remplacé par un linoléum à carreaux oranges et bleus absolument affreux. La femme, qui serrait son bébé de plus en plus fort, grogna. « Écoutez-moi, je vous donne cinq secondes pour déguerpir, sinon j'appelle la police. Pour qui vous prenez-vous, pour rentrer comme ça chez moi, espèce d'effronté ! C'est dans une prison, ou dans un asile que vous devriez être ! Sortez d'ici ! »

Je sentais mes genoux faiblir. Mon estomac faisait des siennes. J'avais envie de vomir. J'ai reculé lentement vers la porte et j'ai levé les mains en signe d'impuissance. «Je suis désolé Madame. Je me suis peut-être trompé d'appartement. Connaissez-vous Simon Potter? Un vieillard, le teint foncé, très grand, il a un chien, un basset?»

«Il n'y a personne qui ressemble à ça dans l'édifice. Je suis bien placée pour le savoir, ça fait quatre ans que j'habite ici.»

«À côté?»

«Par là, une vieille Italienne avec sa fille. Par là, un noir, qui vit tout seul. Il n'y a personne qui s'appelle Potter ici, c'est moi qui vous le dis. Maintenant déguerpissez!»

Je me suis excusé une fois de plus et je sortis dans le hall. La femme claqua la porte et je restais là, fixant le numéro peint en rouge qui m'était devenu si familier... 21. Je me sentais toujours faible, alors je me suis assis dans l'escalier pour réfléchir. Où était-il? Avais-je rêvé tout cela? Si tel était le cas, quel cauchemar je vivais!

Puis j'ai eu une idée... Je descendis les escaliers, traversai le hall d'entrée et continuai vers le sous-sol. À l'extrémité, je pouvais voir une lumière et entendre le bourdonnement de la fournaise à l'huile. Quelqu'un était assis, sous la seule ampoule électrique qui dispensait une faible lueur. «Êtes-vous concierge?»

«Oui Monsieur.»

«Ça fait longtemps que vous êtes ici?»

«Toute la nuit.»

«Non, non... je veux dire, ça fait longtemps que vous travaillez ici?»

«Ça fera onze ans en février.»

«Est-ce qu'il y a un Simon Potter parmi les locataires de cet immeuble? Un homme grand, teint foncé, cheveux longs. Une barbe. Il ressemble beaucoup à Abraham Lincoln. Il a un chien, un basset. »

« Les chiens ne sont pas admis dans l'immeuble. »

« Connaissez-vous l'homme que je viens de vous décrire ? »

« Non Monsieur. »

« Avez-vous déjà vu l'homme que je viens de vous décrire, soit dans cet immeuble, soit dans la rue ? »

« Non Monsieur. Et pourtant, je connais tous les locataires et pratiquement tout le monde du voisinage. Il n'y a personne qui ressemble à ça dans l'immeuble et je n'ai jamais vu cet homme dans le voisinage depuis onze ans, ça je peux vous le garantir. »

« Vous en êtes sûr ? »

« J'en suis certain. »

Je remontai l'escalier en courant, traversai la rue jusqu'au terrain de stationnement où je retrouvai ma voiture. Je me suis rendu au poste de police de l'avenue Foster, bien que je ne me souvienne même pas avoir conduit jusque là. J'ai stationné entre deux voitures de patrouille bleues et j'ai pénétré au poste. J'attendis avec impatience devant le guichet jusqu'à ce qu'un jeune sergent me remarque.

« Sergent, mon nom est Mandino, j'ai un bureau sur Broadway. »

« Oui Monsieur. »

« Il manque quelqu'un. J'avais un ami qui habitait au 6353 de la rue Winthrop. Je le connais depuis plus d'un an. J'ai dû m'absenter du bureau pendant deux semaines et quand je suis revenu, ce matin, un paquet m'attendait sur mon bureau avec mon nom, mon adresse et quelques mots dans le coin supérieur gauche me faisant savoir qu'il s'agissait là de son cadeau d'adieu. »

« Et qu'y avait-il dans ce paquet ? »

« Je ne le sais pas. Dès que j'ai lu le message d'adieu, je me suis précipité à son appartement et... »

« Et ? »

« Il n'était pas là. De plus, les gens qui se trouvaient dans l'appartement ont prétendu qu'il n'y avait jamais vécu... et qu'ils ne connaissaient personne qui ressemblait à l'homme que je leur ai décrit. »

« Êtes-vous sûr d'être allé au bon appartement ? »

« J'y suis allé une centaine de fois. L'appartement vingt et un. J'ai parlé au concierge de l'immeuble. Il ne connaissait personne du nom de Simon Potter. Il dit qu'il n'y a eu personne de ce nom-là au cours de ses onze dernières années de travail. Pas de Simon Potter. »

« Vous vous sentez bien, Monsieur ? »

« Oui, je me sens bien. Je n'ai pas bu et je ne suis pas fou. Comment voudriez-vous que j'invente une telle histoire de fou ? »

« Vous savez, j'en ai entendu de pires. »

« Ça, je n'en doute pas. »

« Quel était le nom de votre ami, déjà ? »

« Potter... Simon Potter. Il avait presque quatre-vingts ans. De longs cheveux bruns. Et une barbe. Grand. Il avait un chien... un basset. »

Le sergent alluma une cigarette et m'étudia avec attention pendant quelques secondes. Puis, sans prononcer une parole, il se dirigea vers le bureau qui se trouvait à l'arrière. Il se passa peut-être un quart d'heure avant qu'il ne revienne. Nous n'avons ramassé personne de ce nom-là ou ressemblant à la description de votre ami depuis les trois dernières semaines, dans ce secteur. Mais nous vivons dans une grande ville. Pourquoi n'essayez-vous pas à l'hôpital Cook County ? »

« D'accord. »

« Et vous pourriez essayer un autre endroit. »

« Lequel ? »

« La morgue, sur la rue Polk Ouest. »

Je n'ai pas eu plus de chance à l'hôpital. Ils ont été très gentils et ont fait preuve d'une grande patience, ils ont vérifié leurs dossiers des deux dernières semaines. Personne du nom de Simon ou correspondant au signalement de Simon, n'avait été admis pour quelque raison que ce soit. Eux aussi me conseillèrent d'aller voir à la morgue. J'y suis allé. Là, mon histoire ne fit aucune impression... tout comme si j'étais allé formuler une plainte dans un grand magasin à rayons. Il était évident qu'ils entendaient le même genre d'histoire sans arrêt, concernant des personnes disparues, des pères, des fils, des frères, des sœurs, des amants. Méthodiquement, ils passèrent en revue les microfilms et finalement, un jeune homme revint avec un papier. « Monsieur, nous avons un « non identifié » dont l'âge et le signalement correspondent à ceux de la personne que vous recherchez. Voulez-vous vérifier ? »

J'ai fait signe que oui et je l'ai suivi. Alors que nous traversions le long corridor blanc, très éclairé, sentant les antiseptiques, il me toucha le bras en disant : « Ne vous laissez pas impressionner par l'odeur. On n'a pas encore inventé un déodorant pour l'éliminer. »

Finalement, il poussa une porte battante et nous sommes entrés dans une chambre froide où des tiroirs énormes étaient alignés comme des classeurs macabres. Il vérifia le numéro sur son carnet et tira sur la poignée de l'un des tiroirs. Je me suis détourné ne voulant pas regarder. Mais je me suis forcé et je me suis retrouvé en train de fixer le corps nu d'un très vieil homme, ses longs cheveux enroulés autour du visage et de la poitrine, les yeux encore à moitié ouverts. Mon cœur battait à tout rompre alors que je me penchais pour mieux voir ce pauvre être humain sans nom, que personne n'avait réclamé et qui se retrouvait sur le dernier des tas de détritus.

Ce n'était pas Simon.

Finalement, j'ai essayé le service des personnes disparues. Rien.

La neige continuait à tomber alors que je dirigeais ma voiture vers le terrain de stationnement. Je suis sorti de ma voiture, j'ai inséré ma clé et j'ai observé la barrière s'élever lentement vers le ciel, me souvenant une fois de plus de cette première journée dans la neige quand un homme, merveilleux et étrange est entré dans ma vie et a retenu le monde, pour moi, dans ses mains nues. Je suis retourné dans ma voiture, frappant le volant à coups de poing, j'ai changé de vitesse et je l'ai garée à sa place.

Je devais avoir l'air terrible car mes propres employés se détournaient comme s'ils ne voulaient pas me voir, quand je suis retourné à mon bureau en laissant des traces de neige sur le tapis rouge de la réception. En passant devant Pat, je lui ai indiqué mon bureau d'un signe de tête et elle s'est levée pour me suivre.

« Fermez la porte... et asseyez-vous. »

Elle fronça les sourcils et s'assit en face de moi. Ses yeux étaient grands de crainte et de curiosité.

« Seigneur, Og, qu'est-ce qui vous arrive ? »

« Pat, je pense que je suis en train de devenir fou. Maintenant, écoutez-moi bien. Vous habitez rue Winthrop, n'est-ce pas ? »

« Oui. Tout près d'ici. »

« Chaque matin, en venant au bureau à pied, est-ce que vous traversez par le terrain de stationnement ? »

« Oui. »

« Avez-vous déjà remarqué un vieillard étrange, dans le terrain de stationnement ? Il porte de drôles de vieux vêtements et habituellement, il donne à manger aux pigeons. Il a les cheveux longs et une barbe et il est toujours accompagné d'un basset. »

Pat réfléchit pendant quelques instants et hocha la tête.

« Il y a toujours quelques bonhommes saoûls dans le terrain de stationnement, mais personne comme celui-là. »

« Vous n'avez jamais vu cet homme ? Il est très grand et très vieux. Parfois, il porte une croix en bois autour du cou. »

« Jamais. Que se passe-t-il Og ? Qu'est-il arrivé ? »

« Rien, Pat. Je vous le dirai un peu plus tard. Merci. Et puis... retenez mes appels jusqu'à nouvel ordre. »

Lorsqu'elle eut fermé la porte, je me suis assis et j'ai essayé de rassembler mes pensées... chassant les papillons éphémères et fuyants d'images irrationnelles... essayant d'oublier la douleur qui me martelait la tête... et le fond de l'estomac. Étais-je en train de craquer? Était-ce là, la façon dont une dépression nerveuse débutait, avec cette incapacité effrayante de pouvoir lier une pensée rationnelle à une autre? Était-ce contre cela que tous les séminaires et tous les livres destinés aux hommes d'affaires nous mettaient en garde, lorsqu'on poussait notre esprit et notre corps à la limite de leurs possibilités, essayant de vivre plusieurs vies en une seule dans une course folle vers la réussite? Est-ce que l'esprit faisait subitement preuve d'indépendance pour nous forcer à participer à toute une fantaisie d'actions et de conversations avec des personnages venus tout droit de quelque livre d'histoire pour enfants depuis longtemps oublié? Est-ce là la dernière fuite, lorsque les tensions et les responsabilités deviennent trop grandes à assumer?

Simon avait-il été seulement un rêve? Impossible. Et pourtant, si Simon se trouvait dans le terrain de stationnement tous les matins, comment se faisait-il que Pat ne l'avait jamais vu? Et l'appartement? Est-ce que quelqu'un était en train de me jouer un tour d'un genre plutôt macabre? Et pourquoi n'avais-je jamais parlé de lui à qui que ce soit? Et ses conférences...ces heures inestimables où fusaient inspiration, connaissances et espoir. Et cette histoire de chiffonnier... tirer les rebuts de la société et les sortir de là... montrer aux gens comment accomplir le plus grand miracle du monde... Seigneur, même dans mes moments de plus vive imagination, je n'avais pas pu inventer tout cela.

Je revins à un état un peu plus normal lorsque soudainement je m'aperçus que je tournais et retournais l'enveloppe brune dans mes mains. L'enveloppe brune — le seul maillon vers la vérité... le seul maillon vers Simon... la preuve qu'il avait réellement existé ! J'étais là, en train de frotter le paquet comme s'il s'agissait d'une lampe magique et qu'ainsi, le vieil homme allait réapparaître. Je me suis un peu détendu. S'il avait envoyé ce paquet, c'est que je n'étais pas fou. Simon avait existé !

«Simon, Simon... pour l'amour où êtes-vous ? Ne me faites pas ça. Je ne le mérite pas de vous !»

J'étais presque en état de choc quand je me suis mis à hurler en direction des trois fauteuils vides qui me faisaient face. Finalement, j'ai tourné l'enveloppe brune, je l'ai ouverte et j'en ai sorti plusieurs feuilles dactylographiées, agrafées ensemble.

En sortant les feuillets, un petit objet s'est échappe de l'enveloppe et est tombé sur mon bureau. Je l'ai ramassé... c'était une petite épingle de sécurité fixée à un petit morceau de tissu blanc d'environ un demi pouce carré.

J'ai repoussé l'épingle. Il y avait une lettre qui m'était adressée, écrite de la même écriture que celle qui se trouvait sur l'enveloppe.

La lettre ne portait aucune date...

CHAPITRE HUIT

Cher Monsieur Og,

Je ne sais pas très bien comment faire un testament ni comment m'occuper de toutes ces choses concernant mes dernières volontés. Que cette lettre suffise !

Pendant toute une année, vous avez apporté l'amour, votre présence, le rire, une bonne conversation, sans parler d'un géranium immortel, dans la vie d'un vieux chiffonnier.

Les chiffonniers, de par la nature même de la profession qu'ils ont choisie, ne sont pas habitués à recevoir et il n'est pas très sage pour eux de s'attacher à ceux qu'ils désirent aider. Mais il y a des moments où les professeurs doivent apprendre, les docteurs doivent être soignés, les avocats doivent être défendus, les comédiens doivent être divertis et même les chiffonniers, doivent être aimés.

Je sais que vous m'avez aimé, comme je vous aime.

Il est donc juste que je vous lègue l'exemplaire original du "Mémorandum de Dieu" non seulement dans le but de tenir ma promesse, mais aussi pour mener jusqu'au bout toute cette série de coïncidences qui semblent miraculeuses entre votre plus grand vendeur et moi-même.

Peut-être qu'après avoir bénéficié de plus d'introspection et de réflexion face à notre relation, vous serez en mesure de placer ces douze derniers mois dans leur propre perspective et également d'arriver à une éventuelle conclusion que ce n'était pas une tâche plus difficile pour moi d'écrire un "Mémorandum de Dieu" que ce ne l'est pour vous d'en accepter son existence.

Étant donné que je sais que vous êtes un homme impétueux, je sais que bien avant d'avoir atteint ce passage de ma lettre, vous m'avez déjà recherché en vain et que vous vous tourmentez maintenant de mon bien-être. Ne craignez rien. Chassez toute inquiétude de votre esprit. Comme le dirait un autre chiffonnier, je vous demande maintenant de ne plus vous attrister... car là où je vais, vous ne pouvez me suivre, mais un jour, vous le pourrez.

N'oubliez pas que tous les deux, nous avons un contrat. Le "Mémorandum de Dieu" est maintenant en votre possession et mon désir est que vous le partagiez un jour avec le monde entier, mais seulement après que vous en ayez appliqué les principes à votre vie personnelle, conformément à mes instructions.

Souvenez-vous que les tâches les plus ardues ne se font pas sous l'effet d'une énergie ou d'un effort soudain, mais par l'application quotidienne et suivie de tout ce qu'il y a de meilleur en vous.

Changer sa vie pour le meilleur, ressusciter son corps et son esprit des morts-vivants nécessite plusieurs étapes positives, l'une suivant l'autre, les yeux toujours fixés sur votre but.

Le "Mémorandum de Dieu" représente seulement votre billet vers une vie nouvelle. Il ne peut rien faire pour vous à moins que vous n'ouvriez votre cœur et votre esprit pour le recevoir. À lui seul, il ne vous bougera pas d'un seul pouce. Le moyen de transport et la puissance de rompre votre inertie doivent être générés par des forces depuis longtemps endormies, mais toujours en vie au plus profond de vous. Suivez ces quelques règles et vos forces se réveilleront d'elles-mêmes:

1. Premièrement, notez cette date sur votre calendrier. Puis, comptez cent jours et notez cette seconde date. Ceci indiquera la longueur de votre mission sans qu'il vous soit nécessaire d'en compter chaque jour alors que vous la vivrez.

2. Dans cette enveloppe, vous trouverez une petite épingle de sécurité à laquelle est fixé un tout petit morceau de tissu blanc, de forme carrée. Cette épingle et ce morceau de tissu, deux matériaux des plus communs et des moins engageants de ce monde, représentent votre amulette secrète de chiffonnier. Portez cette amulette sur vous, là où vous la verrez constamment, pour ne jamais l'oublier et ce, au cours des cent journées à venir, alors que vous essaierez de vivre comme vous l'enseigne le "Mémorandum de Dieu". Votre épingle et votre morceau de chiffon sont des symboles... le signe que vous êtes en train de passer d'une vie d'échecs à une vie nouvelle et meilleure.

3. Pour aucune raison, ne divulguez à personne la signification de votre amulette à ceux qui peuvent le demander pendant votre mission de cent jours.

4. Chaque soir, avant de vous coucher, lisez le "Mémorandum de Dieu" et ce, durant cent soirs consécutifs... puis dormez en paix, pendant que le message que vous venez de lire se grave graduellement dans votre subconscient qui lui, ne dort jamais. Ne sautez jamais même un seul soir de lecture, pour quelque raison ou excuse que ce soit.

Peu à peu, alors que les jours se transformeront en semaines, vous remarquerez de grands changements en vous-même... comme le feront tous ceux qui vous entourent. Et à l'aube du centième jour... vous serez un miracle vivant... une nouvelle personne... remplie de beauté, d'émerveillement, d'ambition et d'habileté.

Alors et seulement alors, trouvez quelqu'un qui, comme vous auparavant, a besoin d'aide. Donnez-lui deux choses : votre amulette secrète de chiffonnier... et le "Mémorandum de Dieu".

Et donnez-lui une autre chose encore... une chose que moi aussi je vous ai donnée... l'amour.

J'ai une vision en moi, dans laquelle je vois des milliers et des milliers de personnes portant nos amulettes de chiffonniers. Les gens se rencontreront les uns les autres, sur la place du marché, dans la rue, dans leur lieu de culte, dans les transports en commun, à l'école, au travail et ils verront cette épingle et ce morceau de tissu insignifiants et ils souriront à leurs frères et soeurs... car tous sauront que l'autre fait partie de la même mission, du même rêve, avec un but commun... changer leur vie pour le meilleur et ainsi, en s'y mettant tous ensemble, changer leur monde.

Cependant, je vous prophétise plusieurs situations difficiles dans l'avenir, Monsieur Og. Si vous décidez d'intégrer le "Mémorandum de Dieu" dans l'un de vos prochains livres, votre éditeur vous demandera inévitablement de participer à des tournées de promotion comme vous avez déjà dû le faire pour vos livres précédents. Quelle explication donnerez-vous pour le "Mémorandum de Dieu" étant donné qu'il vous sera impossible de le produire ou de prouver que le créateur, l'auteur, a vraiment existé? Vous aurez de sérieux défis à relever face à votre intégrité et peut-être sur votre santé d'esprit par ceux qui refuseront de croire votre histoire si vous leur racontez telle que vous l'avez expérimentée. Et qui peut les en blâmer? Il n'y a pas si longtemps, on crucifiait, décapitait ou brûlait les humains qui en ont dit bien moins que ce que vous allez être obligé d'avouer pour dire la vérité en ce qui concerne le "Mémorandum de Dieu" et moi-même.

Néanmoins je vous le laisse, persuadé que vous allez en prendre autant soin, avec une foi totale, que s'il s'agissait de votre enfant bien-aimé. Je sais combien vous aimez les défis, alors je vous défie de l'utiliser, pour vous-même. Je vous défie de le publier et je vous défie de le partager avec le monde.

Un jour, vous avez dit que vous aviez un pressentiment à mon égard. En lisant ces mots, vous savez très bien que nous ne nous reverrons plus avant très longtemps. Il n'y aura plus de ces longues heures passées ensemble à boire un sherry dans la paix et la chaleur d'une amitié ne connaissant aucune frontière de temps ou d'espace. Et je vous laisse maintenant, non pas dans la tristesse, mais avec la satisfaction et la joie de nous être rencontrés et d'avoir pu marcher main dans la main, pendant ce bref moment d'éternité. Qui en demanderait plus?

Parfois, lorsque vous aurez l'impression que tout va mal, comme cela vous arrivera de temps en temps, versez-vous un verre de sherry et pensez au vieux chiffonnier. Ma bénédiction vous accompagnera toujours et ma seule requête est que vous continuiez à écrire, quelles que soient les circonstances. Vous avez encore beaucoup à dire. Le monde a besoin de vous. Les chiffonniers ont besoin de vous. J'ai besoin de vous.

L'un de mes meilleurs amis, Socrate, a dit dans ses derniers moments: «L'heure de mon départ a sonné et chacun passe son chemin... le mien est de mourir, le vôtre est de vivre. Lequel est le meilleur, Dieu seul le sait.»

Monsieur Og, je sais lequel est le meilleur.

Vivre... c'est mieux.

Vivre heureux... et dans la paix éternelle.

Amitiés,
Simon

J'ai laissé tomber sa lettre et j'ai regardé les autres feuillets.

J'ai pris la petite épingle et le morceau de tissu blanc et j'ai accroché cette amulette sur le revers de mon veston.

Puis, j'ai attrapé mon calendrier.

J'ai encerclé la date et à partir de là, j'ai compté cent journées, ce qui m'amenait à l'année prochaine.

J'ai encerclé le centième jour.

Ce soir, avant d'éteindre ma lampe de chevet, je lirai le "Mémorandum de Dieu", tel qu'il me le demandait.

Mes mains étaient fermement crispées ensemble. J'ai abaissé ma tête vers le bureau, jusqu'à ce que mon front y repose.

Pourquoi est-ce que je pleurais? Était-ce parce que Simon m'avait laissé? Était-ce parce que je m'apercevais trop tard, de son identité? Ou était-ce parce que je savais que ma vie, mes rêves, mon monde ne seraient plus jamais les mêmes, maintenant qu'il avait mis la main dessus...

CHAPITRE NEUF

LE MÉMORANDUM DE DIEU

À: TOI
DE: DIEU

Prends conscience de mon message.

J'entends ton cri.

Il traverse l'obscurité, s'infiltre dans les nuages, se mêle à la lumière des étoiles et se fraye un passage jusqu'à mon coeur, en suivant le chemin d'un rayon de soleil.

J'ai connu l'angoisse en entendant le cri d'un lièvre qui étouffait dans le noeud coulant d'un piège, du moineau tombé du nid de sa mère, d'un enfant qui essayait en vain de pêcher dans un étang et d'un Fils répandant son sang sur la croix.

Sache que je t'entends aussi. Sois en paix. Sois calme.

Je t'apporte le soulagement à ta détresse, dont je connais la cause... et le remède.

Tu pleures sur tous tes rêves d'enfant qui se sont évanouis avec les années.

Tu pleures sur ton amour-propre meurtri par l'échec.

Tu pleures sur ton potentiel que tu as sacrifié pour de la sécurité.

Tu pleures sur ton individualité que la foule a piétinée.

Tu pleures sur tous tes talents gaspillés parce qu'ils n'ont pas été utilisés.

Tu te regardes avec mépris et tu te détournes avec terreur de l'image qui se reflète dans l'étang. Qui est cette caricature humaine qui te fixe d'un regard froid chargé de honte ?

Où sont donc passées la grâce de tes manières, la beauté de ta silhouette, la rapidité de tes mouvements, la clarté de ton esprit, ta répartie vive ? Qui a volé ton avoir ? Connais-tu l'identité du voleur, aussi bien que moi ?

Un jour, tu as posé ta tête sur un oreiller d'herbe tendre dans le champ de ton père et tu as contemplé dans le firmament une cathédrale de nuages sachant que tout l'or de Babylone serait à toi un jour.

Tu as déjà lu plusieurs livres, tu as couvert plusieurs tablettes de notes, convaincu qu'un jour, ta sagesse égalerait et dépasserait celle du roi Salomon.

Et que les saisons se transformeraient en années jusqu'à ce que ton règne arrive, dans ton propre paradis terrestre.

Te souviens-tu qui a implanté ces plans, ces rêves et ces graines d'espoir en toi ?

Tu ne le peux pas.

Tu n'as aucun souvenir de l'instant où tu as émergé du ventre de ta mère, et que j'ai placé ma main sur ton front délicat. Et le secret que j'ai murmuré dans ta petite oreille lorsque je t'ai donné tous ces bienfaits ?

Te souviens-tu de notre secret ?

Tu ne le peux pas.

Les années passées ont détruit tes souvenirs, car elles ont rempli ton esprit de crainte, de doute, d'angoisse, de remords et de haine et il n'y a pas de place pour les souvenirs heureux là où ces bêtes habitent.

Ne pleure plus... je suis avec toi... et ce moment est le point tournant de ta vie. Tout ce qui s'est passé jusqu'à présent n'existe pas plus dans ton esprit que le temps que tu as passé dans le sein de ta mère. Ce qui est passé est mort. Que les morts enterrent les morts.

Aujourd'hui, tu ressuscites des morts-vivants.

Aujourd'hui, comme Elie avec le fils de la veuve, je me penche trois fois sur toi et tu vis à nouveau.

Aujourd'hui, comme Elisée avec le fils du Sunamite, je place ma bouche sur ta bouche et mes yeux sur tes yeux et mes mains sur tes mains et ta chair se réchauffe à nouveau.

Aujourd'hui, comme Jésus au tombeau de Lazare, je te commande de sortir et tu marcheras de ton tombeau pour commencer une vie nouvelle.

C'est ton anniversaire. Ceci est ta nouvelle date de naissance. Ta première vie, comme dans une pièce de théâtre, n'était qu'une répétition. Maintenant, le rideau est levé. Cette fois-ci le monde regarde et attend pour t'applaudir. Cette fois-ci, tu n'échoueras pas.

Allume tes chandelles. Partage ton gâteau. Verse le vin. Tu es revenu à la vie.

Comme le papillon sortant de la chrysalide, tu voleras... tu voleras aussi haut que tu le souhaites et ni les guêpes, ni les libellules, ni les mantes de l'humanité ne t'empêcheront de réussir ta mission ou ta recherche des vraies richesses de la vie.

Sens ma main sur ta tête.

Reçois ma sagesse.

Laisse-moi partager avec toi, une fois encore, le secret que tu as entendu à ta naissance et par la suite oublié :

Tu es mon plus grand miracle.
Tu es le plus grand miracle du monde.

Ce sont-là les premiers mots que tu as entendus. Puis tu as pleuré. Ils en pleurent tous.

Tu ne m'as pas cru alors... et rien n'est survenu par la suite pour mettre fin à ton incrédulité. Car comment pourrais-tu être un miracle alors que tu te considères un échec, même dans les tâches les plus simples ? Comment peux-tu être un miracle quand tu as si peu confiance en toi quand il s'agit de prendre la plus faible des responsabilités ? Comment peux-tu être un miracle alors que les dettes t'accablent et que le tourment te tient éveillé te demandant d'où viendra le pain de demain ?

Cela suffit. Le lait renversé est aigre. Et pourtant, combien de prophètes, combien de sages, combien de poètes, combien d'artistes, combien de compositeurs, combien de savants, combien de philosophes et de messagers t'ai-je envoyés porteurs d'un message de ta divinité, de ton potentiel divin et des secrets de la réussite ? Comment les as-tu traités ?

Mais je t'aime et je suis maintenant avec toi à travers ces mots pour réaliser la prédiction du prophète qui a annoncé que Dieu tendrait la main encore une fois, une seconde fois, pour aider le reste de son peuple.

Je tends la main une fois de plus.

C'est la seconde fois.

Tu fais partie de ceux qui restent.

Cela ne me sert à rien de demander, ne savais-tu pas, n'avais-tu pas entendu, ne te l'avait-on pas dit depuis le début ? N'avais-tu pas compris depuis la création de cette terre ?

Tu n'as pas su ; tu n'as pas entendu ; tu n'as pas compris.

Il t'a été dit que tu étais une divinité déguisée, un dieu qui s'amusait.

Il t'a été dit que tu es un ouvrage bien spécial, noble de raison, disposant de facultés infinies, admirable de forme et de mouvements, comme un ange en action, comme un dieu en appréhension...

Il t'a été dit que tu es le sel de la terre.

Le secret de déplacer des montagnes et de réaliser l'impossible t'a été donné.

Tu n'as cru personne. Tu as brûlé ta carte routière menant au bonheur, tu as abandonné ton droit à la paix intérieure, tu as soufflé sur les bougies qui étaient placées le long de ta destinée et qui devaient te mener à la gloire et tu as trébuché, perdu et effrayé, dans l'obscurité de la futilité et de la pitié, jusqu'à ce que tu tombes dans l'enfer de ta propre création.

Et tu as alors pleuré et tu as frappé ta poitrine en maudissant le sort qui t'accablait. Tu as refusé d'accepter les conséquences de tes propres pensées négatives, de tes actions basses et tu as cherché un bouc émissaire responsable de tes échecs. Et vite, tu l'as trouvé !

Tu m'as blâmé !

Tu as crié que tes handicaps, ta médiocrité, ton manque d'opportunités, tes échecs... étaient la volonté de Dieu !

Tu t'es trompé !

Faisons un inventaire. Faisons d'abord le tour de tes handicaps. Car comment puis-je te demander de te construire une vie nouvelle à moins que tu n'aies les outils en mains ?

Es-tu aveugle ? Est-ce que le soleil se lève et se couche sans que tu le voies ?

Non. Tu peux voir... et les centaines de millions de récepteurs que j'ai placés dans tes yeux te permettent de jouir de la magie d'une feuille d'arbre, d'un flocon de neige, d'un étang, d'un aigle, d'un enfant, d'un nuage, d'une étoile, d'une rose, d'un arc-en-ciel... et du regard de l'amour. Compte une première bénédiction.

Es-tu sourd ? Un enfant peut-il rire ou pleurer sans attirer ton attention ?

Non. Tu peux entendre... et les vingt-quatre mille fibres que j'ai construites dans chacune de tes oreilles vibrent sous l'effet du vent dans les arbres, des vagues sur les rochers, de l'harmonie du chant d'un rossignol, du jeu des enfants... et aux mots "je t'aime". Compte une autre bénédiction !

Es-tu muet ? Tes lèvres ne remuent-elles que pour laisser passer ta salive ?

Non. Tu peux parler... comme ne peut le faire aucune autre de mes créatures et tes paroles peuvent apaiser la mauvaise humeur, remonter le déprimé, stimuler le lâcheur, égayer le malheureux, réchauffer le solitaire, louer le valeureux, encourager le vaincu, enseigner à l'ignorant... et dire "je t'aime". Compte une autre bénédiction !

Es-tu paralysé ? Ton corps impuissant dépare-t-il le sol ?

Non. Tu peux bouger. Tu n'es pas un arbre condamné à un carré de terre alors que le vent et le monde profitent de toi. Tu peux t'étirer et courir, danser et travailler, car en toi, j'ai placé cinq cents muscles, deux cents os et onze kilomètres de fibres nerveuses que j'ai synchronisées moi-même pour qu'ils exécutent tes ordres. Compte une autre bénédiction !

Est-ce que personne ne t'aime. Est-ce que tu n'aimes personne ? La solitude t'étouffe-t-elle jour et nuit ?

Non. Jamais plus. Car maintenant, tu connais le secret de l'amour : pour recevoir l'amour, tu dois le donner sans penser au retour. Aimer par intérêt pour sa propre satisfaction ou par orgueil, ce n'est pas de l'amour. L'amour est un cadeau que l'on donne sans demander de retour. Tu sais maintenant qu'aimer sans égoïsme est sa propre récompense. Et même si l'amour ne t'était pas rendu il ne serait pas perdu, car cet amour-là te reviendra pour adoucir et purifier ton coeur. Compte une autre bénédiction ! Compte-la deux fois.

Ton coeur est-il malade ? Doit-il combattre pour te maintenir en vie ? Non. Ton coeur est fort. Porte ta main à ta poitrine et sens son rythme et ses pulsations, heure après heure, jour et nuit, trente-six millions de battements par année, année après année, endormi ou éveillé, faisant circuler ton sang dans plus de cent mille kilomètres de veines, d'artères et de capillaires... pompant plus de deux millions sept cent trente mille litres chaque année. L'homme n'a jamais été capable de créer une machine semblable. Compte une autre bénédiction!

As-tu une maladie de la peau? Les gens se détournent-ils avec horreur à ton approche?

Non. Ta peau est claire et est une merveille de création nécessitant seulement que tu l'entretiennes avec du savon, de l'huile, une brosse et des soins. Avec le temps, même l'acier ternira et rouillera mais pas ta peau. Éventuellement même les métaux les plus résistants finissent pas s'user à l'usage mais pas cette enveloppe que j'ai construite autour de toi. Elle se renouvelle continuellement, les vieilles cellules se remplaçant par des nouvelles, tout comme ton ancienne vie est maintenant remplacée par une nouvelle. Compte une autre bénédiction!

Tes poumons sont-ils atteints? Le souffle de la vie lutte-t-il pour pénétrer dans ton corps?

Non. Les piliers de la vie te soutiennent même dans les environnements les plus horribles que tu as toi-même crées et ils ne cessent de travailler pour filtrer l'oxygène qui donne la vie à travers six cent millions de petits sacs de peau repliée et éliminent de ton corps les déchets gazeux. Compte une autre bénédiction!

Ton sang est-il empoisonné? Est-il dilué avec de l'eau et du pus?

Non. Dans tes cinq litres soixante-dix de sang, il y a vingt-deux milliards de cellules, contenant chacune des millions de molécules dans lesquelles se trouvent des atomes oscillant plus de dix millions de fois par seconde. Chaque seconde, deux millions de tes cellules sanguines meurent pour laisser la place à deux millions de nouvelles cellules, dans un processus de résurrection continuelle depuis ta première naissance. Comme il en a toujours été ainsi à l'intérieur de toi, c'est maintenant à l'extérieur de toi. Compte une autre bénédiction !

Es-tu simple d'esprit ? Es-tu devenu incapable de penser par toi-même ?

Non. Ton cerveau est la structure la plus complexe de l'univers. Je le sais. Dans ton cerveau qui pèse un kilo trente-cinq, il y a treize milliards de cellules nerveuses plus de trois fois plus de cellules qu'il y a d'habitants sur cette terre. Pour t'aider à retenir chaque perception, chaque son, chaque goût, chaque odeur, chaque action que tu as expérimentés depuis le jour de ta naissance, j'ai doté tes cellules de plus d'un millier de milliards de milliards de molécules de protéines. Chaque incident de ta vie y est enregistré, attendant ton rappel. Et, pour aider ton cerveau à contrôler ton corps, j'ai dispersé en toi quatre millions de structures sensibles à la douleur, cinq cent mille détecteurs sensibles au toucher et plus de deux cent mille détecteurs sensibles à la température. Aucune nation ne protège son or aussi bien que tu l'es. Aucune des anciennes merveilles du monde n'est aussi extraordinaire que toi.

Tu es ma création la plus raffinée.

En toi, il y a assez d'énergie atomique pour détruire n'importe quelle grande ville... et pour la reconstruire.

Es-tu pauvre ? Ta bourse ne contient-elle ni or ni argent ?

Non. Tu es riche ! Nous venons, ensemble, de faire le compte de ta fortune. Étudies-en la liste. Recompte-les encore. Pointe ton actif !

Pourquoi t'es-tu trahi ? Pourquoi as-tu pleuré en disant que toutes les bénédictions de l'humanité t'avaient été retirées ? Pourquoi t'es-tu fait croire que tu étais impuissant à changer ta vie ? Es-tu dépourvu de talent, de sens, de possibilités, de plaisirs, d'instincts, de sensations et de fierté ? L'espoir t'a-t-il abandonné ? Pourquoi te blottis-tu dans l'ombre, comme un géant vaincu, dans l'attente d'un transport pathétique qui te mènerait vers le vide attendu et l'humidité de l'enfer ?

Tu en as tellement. Tes bénédictions débordent de ta coupe... et tu n'y as jamais pris garde, comme un enfant élevé dans l'abondance, car je te les ai toutes données généreusement et régulièrement.

Réponds-moi.

Réponds toi-même.

Quel homme riche, vieux et malade, faible et impuissant n'échangerait pas immédiatement tout l'or que contiennent ses coffres contre tes bénédictions que tu as traitées tellement à la légère ?

Apprends alors le premier secret du bonheur et de la réussite. Tu possèdes maintenant, chaque bénédiction nécessaire pour atteindre une gloire merveilleuse. Elles sont ton trésor. Tes outils avec lesquels tu vas construire, dès aujourd'hui, les fondations d'une vie nouvelle et meilleure.

Alors, je te le dis, compte tes bénédictions et sache que tu es ma plus grande création. C'est là, la première loi à laquelle tu dois obéir pour accomplir le plus grand miracle du monde, ressusciter des morts-vivants.

Où sont les handicaps qui ont entraîné ton échec ? Ils ne se trouvaient que dans ton esprit.

Compte tes bénédictions.

Et la seconde loi est comme la première. Proclame ta rareté.

Tu t'es toi-même condamné à un champ aride et tu restes là, incapable de pardonner ton propre échec, te détruisant par ta haine, tes accusations et le dégoût que t'inspirent les crimes que tu as commis envers toi-même et envers les autres.

N'es-tu pas perplexe ?

Ne te demandes-tu pas pourquoi je peux te pardonner tes échecs, tes fautes, ton comportement... alors que tu es incapable de te pardonner ?

Je m'adresse à toi maintenant, pour trois raisons. Tu as besoin de moi. Tu ne fais pas partie d'un troupeau marchant vers la destruction dans la masse grise de la médiocrité. Et tu es très rare.

Prends l'exemple d'une peinture de Rembrandt, d'une statue de Degas, d'un violon de Stradivarius ou d'une pièce de Shakespeare. Ils sont d'une valeur immense pour deux raisons : leurs créateurs étaient des maîtres et ils sont peu nombreux. Et pourtant, il existe plusieurs exemplaires de ces oeuvres.

Par ce raisonnement, tu es le trésor le plus précieux de la terre, car tu sais qui t'a créé et tu sais que tu es un exemplaire unique.

Jamais, parmi les dix-sept milliards d'individus qui ont foulé le sol de cette planète depuis le début de tous les temps, il n'y a eu quelqu'un qui te ressemblait exactement.

Jamais, jusqu'à la fin des temps, il n'y aura quelqu'un qui te ressemblera exactement.

Jamais tu n'as montré ta connaissance ou ton appréciation de ton individualité.

Et pourtant, tu es la chose la plus rare au monde.

De ton père, en un moment suprême d'amour, s'est écoulé un nombre infini de graines d'amour, plus de quatre cent millions. Et toutes, alors qu'elles se dirigeaient vers ta mère, ont péri. Toutes, sauf une! Toi.

Tu es le seul à avoir persévéré dans la chaleur amoureuse du corps de ta mère, à la recherche de ta moitié, une cellule de ta mère, tellement petite qu'il en faudrait plus de deux millions pour en remplir une coquille de noix. Et pourtant, en dépit des chances pratiquement impossibles dans ce vaste océan d'obscurité et de désastre, tu as persévéré, tu as trouvé cette cellule infiniment petite, tu t'es joint à elle et tu as commencé une vie nouvelle. Ta vie.

Et tu es arrivé, portant avec toi, comme le fait tout enfant, le message que je n'étais pas encore découragé de l'homme. Deux cellules maintenant unies dans un miracle. Deux cellules, chacune contenant vingt-trois chromosomes et, dans chacun de ces chromosomes, des centaines de gènes définissant chacune de tes caractéristiques, depuis la couleur de tes yeux jusqu'au charme émanant de tes manières jusqu'à la dimension de ton cerveau.

Avec toutes les possibilités que j'avais à ma disposition, en partant de cet unique spermatozoïde de ton père, retenu parmi les quatre cent millions, avec les centaines de gènes contenus dans chacun des chromosomes de ton père et de ta mère, j'aurais pu créer trois cent mille milliards d'humains, tous différents les uns des autres.

Mais qui ai-je décidé de créer?

TOI! Unique. Le plus rare de tous. Un trésor sans prix, doté de qualités d'esprit, d'expression, de mouvement, d'aspect et d'actions telles que personne ayant vécu, vivant ou qui vivra n'aura jamais.

Pourquoi t'es-tu évalué en monnaie alors que ta valeur est royale?

Pourquoi as-tu écouté ceux qui te rabaissaient... et bien pire encore, pourquoi as-tu cru en eux?

Suis mon conseil. Ne cache plus jamais ta rareté dans l'ombre. Sois-en fier. Montre-la au monde entier. Efforce-toi de ne pas marcher comme marche ton frère, pas plus que de parler comme parle ton chef, pas plus que de travailler comme le font les médiocres. Ne fais jamais comme les autres. N'imite jamais. Car comment sais-tu si tu n'es pas en train d'imiter le démon? Car celui qui imite le démon dépasse toujours l'exemple de son maître, alors que celui qui imite le bien n'atteint jamais celui qu'il contemple. N'imite personne. Sois toi-même. Montre ta rareté au monde et le monde te couvrira d'or. Ceci est alors la seconde loi.

Proclame ta rareté.

Maintenant, tu connais deux lois.

Compte tes bénédictions! Proclame ta rareté!

Tu n'as aucun handicap. Tu n'es pas un médiocre.

Tu acquiesces. Tu commences à sourire. Tu admets ton erreur personnelle.

Quelle est donc ta plainte suivante ? L'opportunité ne se présente jamais à toi ?

Suis mon conseil et elle s'offrira à toi, car maintenant je te donne la loi de la réussite, dans tous les domaines. Il y a plusieurs siècles, cette loi a été donnée à tes aïeux, du haut d'une montagne. Certains ont observé cette loi et leur vie a été remplie des fruits du bonheur, de la réussite, de l'or et de la paix de l'esprit. Mais la plupart n'y ont prêté aucune attention, car ils recherchaient des moyens magiques, des routes détournées ou attendaient le démon appelé chance, qui devait leur livrer les richesses de la vie. Ils ont attendu en vain... tout comme toi et puis ils ont pleuré, tout comme toi, m'accusant de leur mauvais sort.

La loi est simple, jeune ou vieux, roi ou mendiant, blanc ou noir, homme ou femme... tous peuvent employer ce secret à leur avantage. Parmi toutes les règles, les discours et les écrits traitant de la réussite et de la façon de l'obtenir, il n'y a qu'une seule méthode qui n'a jamais échoué... quiconque te demandera de faire un kilomètre avec lui... fais-en deux.

Et c'est la troisième loi... le secret qui t'apportera les richesses et la gloire au-delà de tout ce que tu peux imaginer. Fais un kilomètre de plus !

Le seul moyen assuré de réussir est de rendre un service meilleur et plus grand que celui qu'on attend de toi, quelle que soit la tâche. C'est là une habitude qu'ont prise tous les gens qui ont réussi depuis le début de tous les temps. Par conséquent, je te déclare que la meilleure façon de te borner à la médiocrité c'est d'effectuer uniquement le travail pour lequel tu es payé.

Ne pense pas que l'on t'exploite si tu donnes plus que pour ce dont tu es payé. Car, chaque vie a son pendule et toute la sueur qui perlera sur ton front, si on ne te la paye pas aujourd'hui, te reviendra décuplée demain. Le médiocre ne parcourt jamais un kilomètre de plus car pourquoi s'exploiter lui-même, pense-t-il. Mais tu n'es pas médiocre. Parcourir ce kilomètre supplémentaire, c'est un privilège que tu dois mériter de ta propre initiative. Tu ne peux pas et tu ne dois absolument pas éviter cet effort. Néglige-le, fais-en seulement aussi peu que les autres et la responsabilité de ton échec sera entièrement tienne.

Tout en rendant service tu reçois immanquablement la compensation qui s'impose, tu dois souffrir de la perte de la récompense en ne le faisant pas. Cause et effet, moyens et fins, graine et fruit, ne peuvent être séparés. L'effet est déjà en fleur dans la cause, la fin se trouve dans les moyens et le fruit est toujours dans la graine.

Fais un kilomètre de plus.

Ne te préoccupe pas de devoir servir un maître ingrat. Sers-le encore plus.

Et à sa place, laisse-moi être celui qui est en dette avec toi, car alors tu sauras que chaque minute, chaque service supplémentaire que tu rendras te sera toujours remboursé. Et ne t'inquiète pas si la récompense tarde un peu. Car plus le paiement est retenu, mieux c'est pour toi... et l'intérêt composé de l'intérêt composé est l'un des bénéfices les plus avantageux de cette loi.

Tu ne peux exiger la réussite, tu ne peux que la mériter... et tu connais maintenant le grand secret nécessaire afin d'en obtenir la récompense rare.

Fais un kilomètre de plus!

Où est-il ce champ, où tu pleurais qu'il n'y avait pas d'opportunité? Regarde autour de toi? Vois, là où hier encore tu te vautrais sur les déchets de la pitié, tu marches maintenant la tête haute, sur un tapis d'or. Rien n'a changé... sauf toi, mais tu es tout.

Tu es mon plus grand miracle.
Tu es le plus grand miracle du monde.

Et maintenant, tu possèdes les trois lois du bonheur et de la réussite.

Compte tes bénédictions! Proclame ta rareté! Fais un kilomètre de plus!

Sois patient envers ton progrès. Pour compter tes bénédictions avec gratitude, pour proclamer ton individualité avec fierté, pour parcourir un kilomètre de plus et puis un autre, ces gestes ne peuvent être accomplis en un clin d'oeil. Mais ce que tu acquiers avec le plus de peine, c'est ce que tu conserves le plus longtemps; comme ceux qui ont réussi à amasser une fortune y font beaucoup plus attention que ceux qui en ont hérité.

Et n'aie pas peur en commençant ta nouvelle vie. Toute acquisition noble comporte sa part de risques. Celui qui a peur de rencontrer l'un ne mérite pas d'obtenir l'autre. Tu sais maintenant que tu es un miracle. Et le miracle ne connaît pas la crainte.

Sois fier. Tu n'es pas le caprice temporaire d'un créateur inconscient en train d'expérimenter dans le laboratoire de la vie. Tu n'es pas l'esclave de forces que tu ne peux pas comprendre. Tu es la libre manifestation d'aucune autre force que la mienne, d'aucun autre amour que le mien. Tu as été créé dans un but bien précis.

Sens ma main. Écoute mes paroles.

Tu as besoin de moi... et j'ai besoin de toi.

Nous avons un monde à rebâtir... et si cela requiert un miracle, qu'est-ce que cela pour nous ? Tous les deux, nous sommes des miracles et maintenant, nous nous avons l'un l'autre.

Je n'ai jamais perdu la foi en toi depuis ce jour où je t'ai jeté sur une vague géante, puis déposé, impuissant, sur le sable du rivage. Si tu veux calculer le temps, c'était il y a plus de cinq cent millions d'années. Il y a eu plusieurs modèles, plusieurs formes, plusieurs dimensions, avant que j'en arrive à la perfection avec toi, il y a plus de trente mille ans. Et depuis, je n'ai fait aucun autre effort pour t'améliorer.

Car, comment peut-on améliorer un miracle ? Tu étais une pure merveille à contempler et j'en étais content. Je t'ai donné ce monde et tout pouvoir sur lui. Puis, pour te permettre d'atteindre ton plein potentiel, j'ai une fois de plus, placé ma main sur toi, je t'ai donné des pouvoirs inconnus à toute autre créature de l'univers, même encore aujourd'hui.

Je t'ai donné le pouvoir de penser.
Je t'ai donné le pouvoir d'aimer.
Je t'ai donné le pouvoir de vouloir.
Je t'ai donné le pouvoir de rire.
Je t'ai donné le pouvoir d'imaginer.
Je t'ai donné le pouvoir de créer.
Je t'ai donné le pouvoir de planifier.

Je t'ai donné le pouvoir de parler.
Je t'ai donné le pouvoir de prier.

L'orgueil que j'ai de toi est illimité. Tu es ma création ultime, mon plus grand miracle. Un être vivant complet. Un être qui peut s'adapter à tous les climats, à toutes les rigueurs, à tous les défis. Un être qui peut diriger sa propre destinée sans aucune interférence de ma part. Un être qui peut traduire une sensation ou une perception, non pas par instinct, mais par la pensée et la délibération de la meilleure action pour lui et pour l'humanité toute entière.

Nous arrivons ainsi à la quatrième loi de la réussite et du bonheur... car je t'ai donné un autre pouvoir, un pouvoir tellement grand que même mes anges du paradis ne possèdent pas.

Je t'ai donné... le pouvoir de choisir.

Avec ce cadeau, je t'ai même placé au-dessus de mes anges... car les anges n'on pas la liberté de choisir le péché. Je t'ai donné le contrôle total de ta destinée. Je t'ai dit de déterminer, pour toi-même, ta propre nature, conformément à ta propre volonté. Tu n'as pas été libre de te façonner selon tes désirs. Mais tu as reçu le pouvoir de dégénérer jusqu'à la forme de vie la plus dégradée et tu as également reçu le pouvoir d'écouter ton âme et de renaître sous une forme élevée et divine.

Jamais je ne t'ai retiré ce grand pouvoir qu'est celui de choisir.

Qu'as-tu fait de cette force extraordinaire?

Regarde-toi. Pense au choix que tu as fait dans ta vie et souviens-toi maintenant de ces durs moments où tu te serais jeté à genoux pour qu'on te laisse l'opportunité de recommencer.

Ce qui est passé est passé... et maintenant, tu connais la quatrième grande loi du bonheur et de la réussite... Sers-toi avec sagesse de ton pouvoir de choisir.

Choisis d'aimer... plutôt que de haïr.
Choisis de rire... plutôt que de pleurer.
Choisis de créer... plutôt que de détruire.
Choisis de persévérer... plutôt que de lâcher.
Choisis de louer... plutôt que de critiquer.
Choisis de guérir... plutôt que de blesser.
Choisis de donner... plutôt que de voler.
Choisis d'agir... plutôt que de remettre à demain.
Choisis de t'améliorer... plutôt que de rester sédentaire.
Choisis de prier... plutôt que de maudire.
Choisis de vivre... plutôt que de mourir.

Tu sais maintenant que je ne suis pas responsable de tes malheurs, car je t'ai nanti de tous les pouvoirs ; l'accumulation des actions et des pensées qui t'ont mené sur les déchets de l'humanité vient de toi et non pas de moi. Mes cadeaux de puissance étaient très importants pour ta petite nature. Maintenant, tu es grand et sage, les fruits de la terre seront à toi.

Tu es plus qu'un être humain, tu es un humain en évolution.

Tu es capable de grandes merveilles, ton potentiel est illimité. Qui d'autre parmi mes créatures a maîtrisé le feu? Qui d'autre parmi mes créatures a conquis la gravité, a étudié les cieux, a conquis la maladie, la peste et la sécheresse?

Ne te rabaisse plus jamais!

Ne te contente jamais des miettes de la vie!

Et à partir d'aujourd'hui, ne cache plus jamais tes talents!

Souviens-toi de l'enfant qui dit: «Quand je serai grand». Pourquoi? Car, le grand garçon dit: «Lorsque je serai plus mûr». Puis il dit: «Lorsque je serai marié». Mais être marié, qu'est-ce que c'est, après tout? Et cela se transforme en: «Lorsque je me retirerai». Puis, la retraite arrive et il regarde en arrière, le chemin parcouru; un vent froid balaie le paysage qu'il a en quelque sorte manqué et qui a maintenant disparu.

Jouis de ce jour aujourd'hui... et de demain, demain.

Tu as accompli le plus grand miracle du monde.

Tu es ressuscité des morts-vivants.

Tu ne t'apitoieras jamais plus sur toi-même et chaque jour sera pour toi une joie nouvelle et un nouveau défi.

Tu renais... mais tout comme auparavant, tu peux choisir l'échec et le désespoir ou la réussite et le bonheur. Le choix t'appartient. Ce choix n'appartient qu'à toi. Je ne peux qu'observer, comme je le faisais avant... fier... ou triste.

Souviens-toi donc, des quatre lois du bonheur et de la réussite.

COMPTE TES BÉNÉDICTIONS.
PROCLAME TA RARETÉ.
FAIS UN KILOMÈTRE DE PLUS.
UTILISE AVEC SAGESSE TON POUVOIR DE
      CHOISIR.

Il y a une autre chose, pour compléter les quatre grandes lois. Fais tout ce que tu fais avec amour... amour pour toi-même, amour pour tous les autres et amour pour moi.

Sèche tes larmes. Tends la main et prends la mienne, tiens-toi droit.

Laisse-moi couper le suaire qui t'emprisonnait.

Aujourd'hui, tu as reçu mon message.

TU ES LE PLUS GRAND
MIRACLE DU MONDE.

CHAPITRE DIX

Je crois que toutes les réceptions de Noël dans les bureaux devraient être abolies! Il n'y a aucun moyen d'empêcher une pauvre âme de faire passer son cafard ou sa mélancolie dans l'alcool et tout cela se termine par une scène qu'il regrettera plus tard, par une bataille contre celui qui essaie de le convaincre qu'il ferait mieux de ne pas conduire s'il ne veut pas se tuer ou tuer un innocent. Je sais. J'ai déjà agi en fou comme cela à quelques occasions... il y a longtemps.

De plus, le vin laisse des traces permanentes sur la moquette du bureau, qu'aucun détergent n'a encore jamais réussi à complètement enlever.

Chaque année, je prends la résolution, habituellement le premier jour ouvrable suivant Noël, que l'année suivante, il n'y aura plus de telle fête de Noël au bureau. On ferait bien mieux de donner cet argent stupidement dépensé à une famille qui en a besoin. Et chaque année, lorsque le comité commence à s'organiser en vue de préparer la "fête", je faiblis, je n'ose plus m'objecter et je laisse les événements se dérouler.

Et puis... j'ai pris un ou deux verres et j'ai essayé de sourire à travers la stupidité de l'échange des cadeaux à la pige pendant que le phono de quelqu'un jouait de façon monotone, le disque égratigné de "Noël tout blanc". Puis je suis passé parmi les invités, tapant sur quelques épaules, embrassant quelques joues, me sentant un peu comme un détective, me rassurant sans cesse que tous rentreraient directement chez eux sans arrêt spontané au motel ou sans violation au code de la route pour ivresse.

Finalement, le vin manqua et le bureau se vida rapidement, laissant une collection de débris qui ne seraient enlevés qu'à la condition que je glisse un billet de vingt dollars à notre concierge. Je l'avais d'ailleurs déjà inséré dans une carte de Noël placée en évidence sur le bureau de Pat, là où il ne pouvait la manquer.

J'ai emmené mon dernier verre de vin avec moi, dans mon bureau et je suis tombé lourdement sur le divan, déposant le verre dans le cendrier sur pied. Le verre... Je me suis retrouvé en train de fixer, comme hypnotisé. Simon. Tous ces verres de sherry que nous avions remplis et bus ensemble. Simon. Où êtes-vous?

Soudain, j'ai pris une décision et je suis allé à mon pupitre. J'ai appuyé sur le « F » de mon index de tétéphone et j'ai trouvé le numéro de Fred Fell à la maison. Je l'ai composé. Il reconnut aussitôt ma voix alors que je lui lançais "Joyeux Noël".

«Og, je suis content de t'entendre. Comment ça va? Quel temps fait-il, à Chicago?»

«Il neige.»

«Ici, ça fait deux jours qu'il pleut. Je pense que Long Island est en train de se noyer.»

«Alors va à Miami.»

«Je pense que c'est trop tard. Quoi de neuf de ton côté ? »

«On vient tout juste de fêter Noël au bureau... »

«... et tu as bu quelques verres qui t'ont rendu sentimental et tu t'es souvenu de ton éditeur ? »

«Oui tout cela... en plus d'une autre raison. »

«Dis-moi. »

«Je suis prêt à écrire un autre livre. »

«Je ne crois pas ce que j'entends. Je commençais à croire que tu étais tellement occupé à compter ton argent et à faire comme Gore Vidal, passer à toutes les émissions de télé, qu'il ne te restait plus de temps pour écrire. Qu'est-ce que tu veux faire ? Quel est le sujet de ton livre ? »

«Je ne te le dis pas. Je ne peux pas t'expliquer, que ce soit au téléphone ou face à face. La seule chose, c'est que je vais l'écrire. »

«Est-ce que tu en connais le titre ? »

«*Le plus grand miracle du monde.* »

«Cela me plaît. C'est quoi, le grand miracle ? »

«Ne me pose pas de questions. »

«Est-ce que ça va être un autre livre du genre *Le plus grand vendeur du monde* ? »

«Encore meilleur. Celui-là, je n'ai pas à l'inventer. »

«D'accord Og. Je sais que je ne dois pas insister. Tu veux un contrat ? »

«Rien ne presse. Quand tu auras le temps. »

«Mêmes conditions qu'auparavant ? »

«Si tu veux. »

«Quelle date dois-je indiquer pour la remise du manuscrit ? »

«Disons... le 31 janvier mille neuf cent soixante-quinze. »

«C'est dans un an et un mois. Tu as besoin de tout ce temps?»

«Oui.»

«Parfait. C'est comme si c'était fait. On peut dire qu'on a une drôle de relation, tous les deux. Je me demande combien d'éditeurs acceptent de faire un contrat dans ces conditions, sans même savoir ce qu'ils achètent.»

«L'éditeur de Mailer, l'éditeur de Wallace, l'éditeur de Updike, l'éditeur de Fowles, l'éditeur de Michener, l'éditeur de Herriot...»

«Joyeux Noël, Og.»

«Toi aussi. Fred. Je t'aime.»

«Moi aussi, je t'aime.»

Il faisait très noir et il neigeait encore lorsque j'ai quitté le bureau et j'ai laissé des traces de pas tout en me dirigeant vers le terrain de stationnement. Je sentais un vide brûlant en moi et j'en connaissais la raison. De l'autre côté du terrain de stationnement, je pouvais voir l'ombre sombre de l'appartement où j'avais passé tant d'heures heureuses, la masse silencieuse de l'immeuble ayant, ici et là, un carré de lumière clignotante entre les rafales de neige.

Maintenant, nous serions en train de nous souhaiter "Joyeux Noël" en trinquant nos verres, sa voix merveilleuse déferlant sur moi alors qu'il serait en train d'ouvrir le cadeau bizarre que je lui aurais apporté. Simon. Simon.

«Je m'ennuie. Vous me manquez beaucoup.» Je parlais à haute voix... au vent et aux flocons de neige. Puis je me suis retrouvé en train de combattre des sanglots qui venaient du plus profond de moi-même. Je me sentais complètement seul... et perdu.

Finalement, je me suis forcé à réagir. Il fallait que je rentre à la maison. J'avais encore quelques courses à faire. La vie continue.

J'ai cherché les clés de ma voiture et j'ai ouvert la portière. Au moment où je me suis mis en route, j'ai ressenti le besoin irrésistible de boire un verre. Mais je savais ce qui allait se produire : un verre m'amènerait à vingt...et peu importe le nombre de bistrots que je ferais, je n'y trouverais pas Simon.

J'ai fait marche arrière et me suis dirigé vers la barrière, les pneus crissant sur la neige fraîchement tombée. J'ai baissé ma vitre et j'ai sorti la clé pour l'insérer dans la fente. La barrière a fait entendre une plainte avant de s'élever vers le ciel. J'ai changé de vitesse et j'ai accéléré lentement pour passer sous la barrière. L'avant de ma voiture monta un peu alors que je suis passé sur la bosse d'asphalte et mes phares balayèrent la fenêtre d'un appartement du deuxième étage où tout était sombre.

J'ai cligné des yeux et j'ai hoché la tête. J'ai regardé une fois encore.

Mes phares ne formaient plus qu'un seul rayon convergeant vers une jardinière suspendue à une fenêtre.

Mon Dieu !

Dans cette jardinière, il y avait une plante qui bougeait doucement sous la neige...

...Une plante merveilleuse !

...Une plante qui aurait mérité un prix d'honneur !

...Un géranium en verre rouge !

Achevé d'imprimer
en août 1989
MARQUIS
Montmagny, Canada